サポーターをめぐる冒険

中村慎太郎

まえがき

サポーターに導かれた日々

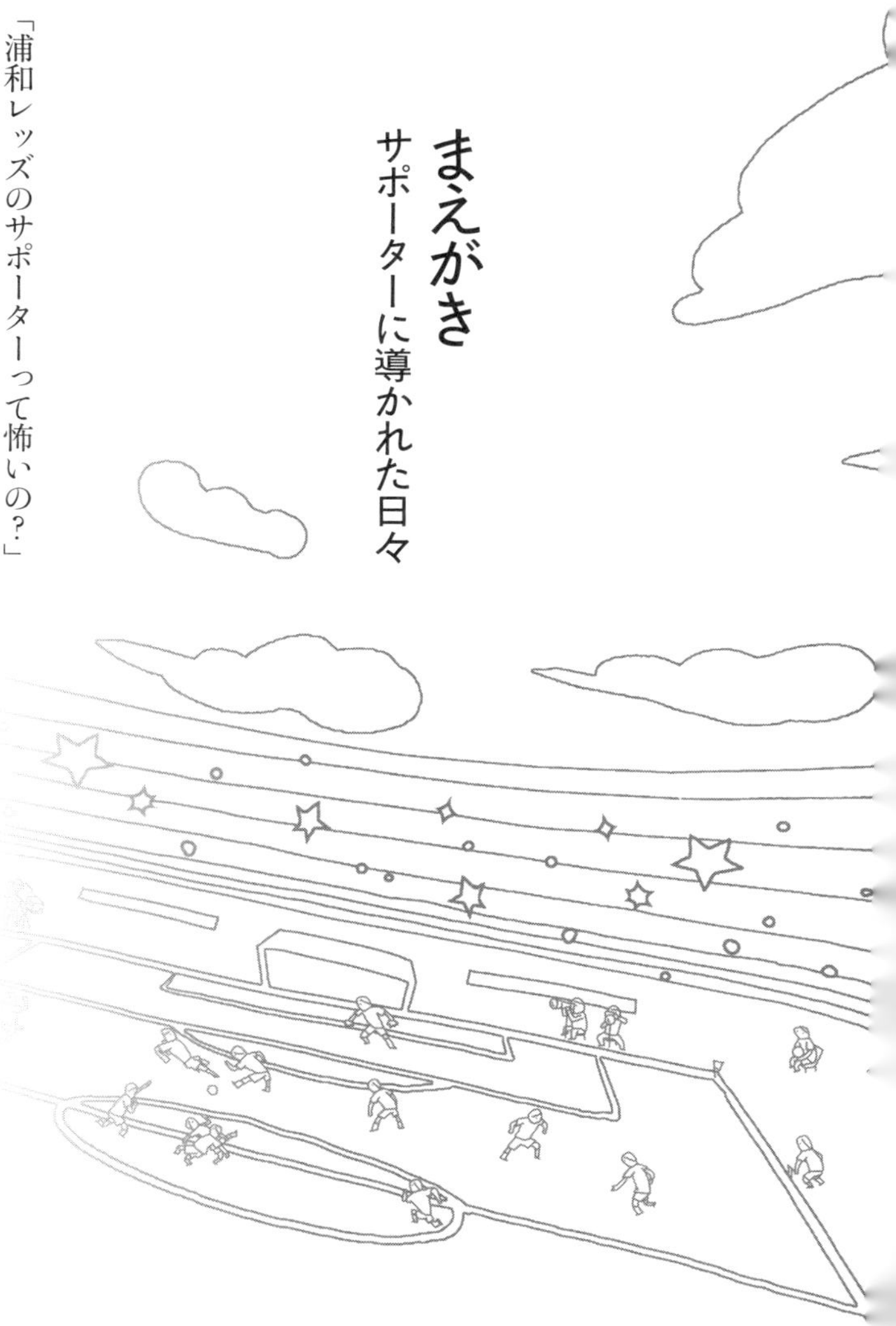

「浦和レッズのサポーターって怖いの？」

友人にそう聞かれた時、ぼくは歌ってみせることにした。

「これは、浦和レッズのサポーターが一番大事にしていて、勝負所で歌う曲なんだ」

ぼくは、「プライド・オブ・ウラワ」という曲を大きな声で歌った。友人は、その優しく穏やかなメロディーに驚いていたようだった。

浦和レッズのサポーターが歌う曲はもっと攻撃的で恐ろしいものだと思っていたのだそうだ。無理もない。数ヶ月前まで、ぼくだってそう思っていたのだ。

2014年3月、Jリーグ史に残る大事件が発生した。ある浦和レッズサポーターが、ホームの埼玉スタジアムで、「JAPANESE ONLY」と記された横断幕を掲示したのである。横断幕は、通路から観客席へと入るゲートに、「通路側に向けて」貼られていたため、浦和レッズ側のゴール裏の観客（多くは熱心なサポーター）以外の目に触れない位置であった。

書かれていた文言は、誰がどうみても「人種差別」を想起させるものであった。しかし、この事件で最も重要なのはその横断幕が掲示されてしまったことではない。横断幕が瞬間的に掲示されてしまうことは、防ぎようのないことだ。差別主義者が潜入して、隙を突いて掲示することも可能だ。

しかし、問題は、この掲示を目にした浦和レッズサポーターがクラブ側にクレームを入れ、クラブ側のスタッフが掲示内容を確認したにもかかわらず、試合終了時まで横断幕を撤去しなかったことである。

その結果、「浦和レッズというクラブは人種差別的な言動を容認した」と捉えられてしまう事態になり、数日後Jリーグから「次のホーム戦にて無観客試合を行う」という厳罰が発表された。この処罰は、クラブ側にとって3億円もの減益になるという推計もされていた。再度同様の事件が起きてしまった場合には、J2以下への降格や、クラブの解散までありえるとさえ噂された。

この事件は、サッカー界だけではなく様々な報道媒体やワイドショーにまで広がり、海外メディアにも取りあげられた。浦和レッズのサポーターが凶悪で排外的な集団なのだという認識が広まり、「世間」から厳しい目に晒された。「人種差別」を強く想起させる横断幕を出したサポーターグループがあったことは紛れもない事実だ。

しかしながら、「ＪＡＰＡＮＥＳＥ　ＯＮＬＹ」の横断幕を発見し、撤去を訴えたのも浦和レッズのサポーターであることを忘れてはいけない。今回の事件はあくまでも「一部」の過激なサポーターの暴走によるものであることも、もう一つの事実である。

そこで１つ疑問が生じる。「大多数」の浦和レッズのサポーターとは一体どういう人達なのだろうか。浦和レッズのサポーターが集うゴール裏は本当に「恐ろしい場所」なのだろうか。

ぼくは、浦和レッズサポーターではない。しかし、２度にわたり浦和レッズのゴール裏へ行ってきた。赤い服を着込んで、「プライド・オブ・ウラワ」というチャントを歌った。もし、そこが本当にイスラム教のメッカのような「聖地」であったならば、侵入することすらできなかったはずだ。そもそも、こっそり忍び込んだわけではない。ある浦和レッズサポーターに招かれて行ったのだ。

どうしてぼくは、ゴール裏に招かれたのだろうか。それを解くことは、浦和レッズに限らず、サポーターとは何かを考えてみる必要がある。

サポーターを「支える人」と訳してみてもどうも釈然としない。いや、そもそも、サポーター自身だって自分達が何者なのかをよくわかっていないのではないだろうか。サポーターという言葉のイメージはぼんやりしたままで、その存在が表舞台に出るのは、世を騒がす事件を起こした時ばかりだ。

特殊な事例を集めても、サポーターの真の姿は伝わらない。本当に大切なのは、特に問題を起こすことなく、毎週スタジアムに通っている「普通のサポーター」である。年に何回かは問題が起こるが、逆に言うとほとんどのケースでは何も問題が起こっていないのだ。

２０１３年10月、ぼくは国立競技場に足を運び、Jリーグの試合を初めて観戦した。これは、その日から始まる1つの物語を記したものである。

ぼくは、たくさんのサポーターと出会うことになり、延々と語り合った。共に肩を並べて応援し、時には祝杯をあげ、時には深く悲しんだ。思えば、これほど涙を流して感動し続けたことは、今まで一度もなかった。

サポーターという存在を考えて行く上でぼくに出来るのは、自分の目で見たこと、経験したこと、頭で考えたこと、これらを紡ぐことだけだ。サポーター達に導かれ、いや、ある意味では振り回されながら、Jリーグのスタジアムに通い続けた日々の出来事を語ることだ。

本書は、２０１３年10月5日から２０１４年1月1日までの89日間に観戦した試合を中心に、スタジアムに足を運ぶことで体験したぼくの物語を綴ったものである。と、同時に、多くのサポーター達の壮大な物語の一片を綴ったものである。

なお、本書においては、表記が煩雑になる都合上、選手などの個人名に対する敬称は基本的に省略している。それは、プロのアスリートに対する強い敬意を持った上での表現であることをご了承の上、読み進めて頂きたい。

もくじ

本書の基礎用語

ピッチ【Pitch ＝英語】

イングランドやオーストラリアで使われることの多い単語で、サッカーだけでなくクリケットやラグビーを含めた野外スポーツを行うグラウンドのことを指す。ただし、英国などでも正式には「Field of play」と表記する。

本書では、サッカーをする芝生のグラウンド的な意味で使用されている。

チャント【Chant ＝英語】

語源はフランス語の Chanter で、本来は単純な音程を繰り返すリズムや、またはその歌詞を指した。現在では、サッカーをはじめ応援するための歌の意味で使われる。

掛け声的な「チャント」と、応援歌的な「アンセム」を区別する場合もあるが、本書では、すべてのサポーターズ・ソングを「チャント」と表記している。

ユース【Youth ＝英語】

いわゆる「青年」の意味だが、サッカー界においては、U18（18歳以下）の下部組織を指す。

具体的には、高校生年代の U16 ～ U18 を「ユース」、中学生年代の U13 ～ U15 を「ジュニアユース」と呼ぶが、あわせて「ユース」と呼ぶ場合もある。

クラブによっては、小学生年代（U12）のチームを持つ場合もあるが、これを「ユース」と呼ぶことは少ない。

別名「アカデミー」。

サポ【日本語】

サポーターの略。Ｊリーグファンにとっては日本語化しているといって過言ではなく、他チームのサポーターは「他サポ」と略称される。またサポーターによるミーティングは「サポミ」、会議（カンファレンス）は「サポカン」などと称されることも。

本書では、ファンとサポーターを区別せずに「サポーター」と表記するが、場合によって「サポ」と表記することもある。

第1節

Jリーグを初観戦した結果、思わぬことになった

FC東京vs鹿島アントラーズ＠国立霞ヶ丘競技場

「急なんだけど、明日、国立にこない？　Jリーグのチケット、余ってるよ」

知人から、1通のメールがあった。知り合ったばかりの方で、どうやらサッカーが大好きらしい。Jリーグをスタジアムで観たことがなかったが、チケットが余っているのであれば断る理由はない。ぼくもサッカーは好きだし、どうせ暇なのだ。調べてみると、FC東京vs鹿島アントラーズの試合であった。

FC東京といえば、日本代表の左サイドバックである長友がかつていたチームだということは知っていた。東京生まれ東京育ちのぼくにとっては地元のチームでもある。一方、鹿島アントラーズは、Jリーグ開幕時に好きだったチームだ。今のJリーグはチーム数が増えていて、名前すら知らないチームもあるが、このチームの対戦なら楽しめそうな気がした。よし、Jリーグを観に行ってみるかな——。

この決断をして以来、ぼくの身に様々な事態が立て続けに起きた。多くの人に出会い、自分でも分からない大きな流れに巻き込まれてしまった。国立競技場での1試合が、人生の流れを変えたのだ。

電車を乗り継いで千駄ヶ谷駅に着いたのは17時頃だった。待ち合わせは18時なので、どこかのカフェにでも入ろうかと思ったが、駅前には落ち着けそうな場所を見つけられなかった。小雨がパラつく嫌な天気ではあるが、国立競技場の周りを散歩してみることにした。

しばし歩いていると、小さな驚きがあった。長蛇の列ができているのだ。何百人いるだろうか、凄い人数だ。Jリーグは観客が入らない不人気のリーグという先入観があったため、この活況は意外に感じられた。

約束の時間になり、知人と合流し、国立競技場へと入場した。既に日は落ちて暗くなっていた。荷物検査のブースを抜けて、チケットの半券を切られ、薄暗い通路を歩いた。そして、観客席へと続くゲートを抜けた。

目の前に、光り輝く空間が広がっていた。

大型の照明が強い光を放って緑色のピッチを照らし、濡れた芝生が瑞々しく輝いていた。小雨が降っていたせいで、ライトの周りは霧がかかったようにぼんやりとしてみえた。

この光景を目にすると同時に、風がビューッと吹き抜けていった。胸が小さく鳴った。映画『千と千尋の神隠し』の冒頭で、千尋と両親が不気味な狭いトンネルをくぐり抜けたシーンを思い出す。スタジアムの内側は、外の世界とは全く異質の空気に支配されていた。

その「異世界」に入り込んだ人の数、すなわち入場者数が後で発表されたのだが、なんと30,673人もの観客が入っていたらしい。

「なんだって!?」思わず言葉に出してしまった。Jリーグの試合に3万もの人が来るとは想像もしていなかった。Jリーグは人気がないはずではなかったのか。

調べてみると国立競技場の収容人数は54，224人なので、これだけ入っても、座席は6割程度しか埋まっていなかったようだ。何という巨大なスタジアムなんだろうか。都内のアクセスの良い場所にこんな建造物があることをあまり意識したことがなかった。後で聞いてみると、2020年開催予定の東京オリンピックに向けて建て替え工事を行うため、国立競技場で行う最後のJリーグの試合になるという噂もあったらしい。また、優勝争いを見据えた両チームにとっての重要な決戦でもあったようだ。

そういう事情もあってか、国立競技場に両チームのサポーターが詰めかけていた。

スタジアムに入り、バックスタンド2階の中央あたりに座席を見つけることができた。このあたりの座席はピッチを上から眺められるため、最もサッカーが見やすい席だと教えてもらった。

知人は鹿島アントラーズ側のゴール裏で応援をするというので、席を見つけた後は1人になった。座席は雨に濡れていたが、タオルを持ってきていなかったのでそのまま座り込んだ。お尻のあたりがだいぶ濡れてしまった。メインスタンドの一部を除いて、国立競技場には屋根がないのだ。

ぼくの鞄の中の本やノートは全部濡れてしまったが、周りの観客をみると手慣れたもので、ゴミ袋に荷物を入れて堅く口を締め、雨に備えている。

そうこうしていると選手達が出てきてウォーミングアップを始めた。そこで大きな衝撃を受けた。プロサッカー選手というのはここまで上手いものなのか、と。

想像をはるかに超えていた。まず、通称「鳥かご」という練習が目に入った。7〜8人の選手が輪を作ってパスを回し、真ん中に入った選手が「鬼」になりボールを取りに行くという練習だ。この何気ないウォーミングアップですら印象的だった。ジョギングをするようにゆるゆると動いていて余計な力が全く入っていない。それなのに、柔らかく蹴ったボールが小気味よく転がっていく。

簡単そうに見えるが、素人には決してできない芸当だ。素人プレイヤーである自分よりも上手いのは当たり前なのだが、ここまで違うものかと驚いた。今までアマチュアとしてはかなり上手いプレイヤーとサッカーをしたこともあったが、目の前でボールを蹴っているプロ選手とは比較するまでもなかった。

次にかなり長い距離を取って選手が2人向かい合い、ロングパスを交換し始めた。40メートルほど離れていただろうか。ぼくからすると「届かせるだけでやっと」の距離であるが、1人の選手が軽く蹴り込むと、ボールはふわりと高く浮いて相手の足下にピタリと届いた。

受けた選手は軽々とボールをいなした。それは、生卵でもキャッチできるのではないかと思うくらい柔らかいタッチだった。そして、軽く踏み込むとボールを蹴り返した。今度のボールはだいぶ逸れてしまった。プロでもキックミスをすることはあるらしい。と思ったら、ボールは空中でググッと曲がって再び相手選手の足下に吸い込まれた。

唖然としてしまった。そこまで精度が高いキックができるものなのか、と。次にシュート練習が始まった。弾丸のようなボールが飛びかかっていた。ボールを蹴るまでの予備動作、キックフォーム、力の入れ方、シュートの勢い、蹴り終わった後の姿勢、全てが美しく見えた。プロサッカー選手の技術の高さに魅了された。こんなにも上手かったのか。

サッカーはミスのスポーツと言われている。相手にミスがなかったら、簡単には得点を奪うことはできないのだ。だから、相手のミスを誘発するためにプレッシャーをかけていく。

その結果、テレビで試合を観戦していると判断ミスやキックミスばかりが目につくことになる。しかし、あれはディフェンスの強度が高いためミスを誘発させられていると考えるべきなのだろう。プレッシャーがなければ、どこにだって自由に蹴れるのだ。これはテレビで観戦していた時にはわからなかったことだ。

ウォーミングアップが終わり、スタジアムに静寂が訪れた。すると、選手紹介のコールが始まった。まずはアウェーである鹿島アントラーズの選手名が呼ばれていく。選手の名前がコールされるとアウェー側のゴール裏から歓声が上がった。ゴール裏にはユニフォームを着たサポーターがたくさん詰めかけていて、巨大な旗を振り回している。

一方で、FC東京サイドのゴール裏からはブーイングが湧いてきた。ブーイングというとプロレスなどの格闘技を想像してしまうが、サッカー選手の紹介の際にもやるものらしい。

興味深く聞いていると、小笠原満男《みつお》と柴崎岳《がく》の名前がコールされた時により大きなブーイングが上がっていた。この2人は知っている。小笠原といえば元日本代表の選手だ。いつだったか忘れてしまったが、鋭い眼光で敵をにらみつけながら、強気なミドルシュートを撃ち込んでいたのを覚えている。もう1人の柴崎は、日本代表の中心選手〝やっとさん〟こと遠藤保仁《やすひと》が、自身の後継者として名前を挙げていた。どんなプレーをするのか楽しみだ。

そして、鹿島アントラーズの選手で一番大きなブーイングを浴びていた選手は、大迫勇也《おおさこゆうや》であった。大迫は、23歳の若きストライカーで、夏に開催された東アジアカップでは日本代表としてプレーしていた。その名前がコールされるとホーム側のスタンドから巨大なブーイングが巻き起こった。相手チームが脅威を感じている危険人物、キープレイヤーには大きなブーイングがプレゼントされる仕組みになっているようだ。ＦＣ東京のサポーターは大迫勇也を強く警戒していた。そのことが感覚的に理解できた。

一方、ホーム側のＦＣ東京の選手がコールされると、「ヘイ！」なのか「オイ！」なのか「ウェイ！」なのかはわからないが、ゴール裏を中心にサポーター達が声を上げていた。ホームだけあって迫力のある声援だ。背番号49のルーカスの名前がコールされた時、鹿島アントラーズ側から大きなブーイングが聞こえてきた。ＦＣ東京のエースはルーカスなのだろう。

フォワードの渡邊千真《かずま》も大ブーイングを受けていた。このあたりの選手が相手にとって危険な選手ということだろう。大観衆の歓声とブーイングが、巨大なうねりとなって国立競技場に広がっていった。緊張感が高まっていく。

そして、周囲に座っていた観客がチームグッズのマフラーを取り出して、頭上に掲げ始めた。

ゴール裏がチームカラーのマフラーを掲げた人で埋まっているのが見えた。伴奏が流れ、英語曲の合唱が始まり、歌声がスタジアムに響き渡った。途中から伴奏が消えて、合唱だけが響き始めた。煌々と光るライト、中央に浮かび上がる緑のピッチ、響き渡る歌声、そこにある全てが身体に染みこんでいく。非常に気持ちがいい時間だった。

「来て良かったなぁ」

まだ試合が始まってすらいないのに、少し満足している自分がいた。キックオフの笛が吹かれる前に、Ｊ

リーグは始まっていたのだ。

これはテレビで観ているだけでは決して気付かないことだった。わざわざ現場に来ることには、特別な意味があることらしい。後で教えてもらったのだが、この時合唱されていたのは『You'll never walk alone』という曲で、イングランドの名門クラブ「リバプールFC」のサポーターが試合前に歌う曲として有名なのだそうだ。歌詞は、「嵐の時でも前を向いて歩き続ければ、君は1人にはならない」というような内容であった。しぶとく降り続ける小雨に悩まされながらも、すっかり楽しくなっていた。この分だと試合の方も盛り上がるに違いない。楽しみだ。

ところが——肝心の試合はあまり面白い展開にはならなかった。実に一方的な試合であった。試合開始からわずかに6分後、鹿島のミッドフィルダー遠藤康《やすし》のミドルシュートが東京ゴールキーパーの頭上を越えてネットを揺らした。そのわずか3分後に鹿島のダヴィが押し込んで2点目が決まった。スコアは2点差となり、FC東京は早くも窮地に立たされてしまった。中立の立場の人間からすると少しは競ってくれないと面白くない。もちろん、まだ勝負はついていないが、2点差をひっくり返すのは簡単な仕事ではない。FC東京は前半に何度かチャンスを作ったものの、ゴールを決めきれずに0−2のままハーフタイムとなった。

ところで、試合中に周りを見渡してみると、前の席に座っていた夫婦はビールや酎ハイを次々に飲み続けていた。鞄からは「乾き物」が次々と出てきた。隣の席に座っていた哲学科の大学院生という風情の男性も、延々とウィスキーを飲み続けていた。気付くと周り中みんな飲み食いしていた。

こんな席に座っていたら我慢できなくなってしまった。ハーフタイムに、ぼくも生ビールを買ってしまった。700円という値段に少しひるんだが、一杯だけならいいだろう。歩きながらゴクリと一口飲んでみると、良い感じにひんやりとしていて美味しかった。スタジアムで飲むビールは悪くない。

ビールが美味しかったことには満足したが、アルコールが入ったこともあって、真面目にサッカーを観る気がなくなってしまった。

テレビで観戦をしている場合には、頻繁にリプレイやスロー映像が流れるし、アナウンサーが選手の名前を教えてくれるため、試合で何が起こっているのか理解できる。

しかし、実際にスタジアムに行ってみると誰がどの選手なのかさっぱりわからない。背番号を見て識別しようにも、都合良く後ろ向きになってくれるわけでもない。

細かい分析は諦めて、ぼんやりと場の空気を楽しむことにした。前半は0—2で鹿島アントラーズがリードして折り返していたが、FC東京が1点返せば試合は面白くなる。せっかく国立競技場まで来たのだから、なるだけ競った面白い試合にして欲しい。そんなことを考えていると、後半戦が始まった。

秋の夜空の下、冷たいビールの力によって、すっかりリラックスできた。のんびりと肩の力を抜いてピッチを眺めていると、身体の中にサッカーが染みこんできた。

スタジアムを支配する大らかな空気、ゴール裏から飛んでくる熱気、必死に走っている選手達の迫力、そこにある全てを感じることができた。

ぼくは、いつの間にか0—2で負けているFC東京に肩入れしていた。負けているチームを応援する癖があるのだ。劣勢から追い上げて、競ってくれた方が試合が面白くなるからだ。そこで一つ気づいたことがあった。FC東京を応援するというアングルができると、サッカー観戦はよりシンプルに楽しめるということだ。鹿島アントラーズの攻撃にはヒヤヒヤとし、クロスでも上がろうものなら「あーーー!!」と自然と声が出た。FC東京がカウンターを仕掛けた時には「おおおお!!」、シュートを外した時は「あああ!! あぁ……」と言った後に、パチパチと手を叩いた。

サッカー観戦とは、こういうものなのかもしれない。一つのシュートチャンスが何故生まれたのかぼくにはわからなかった。「ダイアゴナルランする選手がデコイになり、バイタルエリアでギャップを作ることに成功し……」というような専門用語を使った解説を読んで理解することはできるが、自分では分析できなかった。その時のぼくにとって大切なのは、FC東京の選手がシュートを撃つことだけだった。シュートが決まれば1点差に追いつくという事実しかなかった。シュートが決まれば大喜びすればいいし、外れてしまったら一瞬落胆するものの、手を叩いて「次があるぞ!」と思えばいい。

ああ、サッカーなんて難しいスポーツではなかったのだ。サッカーの「お勉強」をする必要はないのだ。もちろん、それも大切なことだと思うが、サッカーを楽しむために「必須」ではないのだ。大切なのは、肩の力を抜いて、スタジアムの空気に身を任せることだ。

スタジアムに集まった観客は、飲み、食い、歌っていた。それらは全て口を使った動作だということに気付いた。

口というのは人間にとって原初的な感覚器だ。人間は誕生と同時に、大声で泣き、母親の乳を口でくわえる。赤ん坊は、声を出して泣くことでしか世界に対しての自分を表現することができず、世界を理解する主な手段も口なのだ。ありとあらゆるものを口に入れて、口を通じて世界の認識を深めていく。口を使うというのは、人間にとって本能的な欲求のような気がする。

スタジアムでは、飲み、食い、歌い、叫ぶことができる。それだけで十分楽しむことができるのだ。

後半になるとＦＣ東京は平山相太《そうた》を投入した。知っている選手だった。次世代のエース候補のようにもてはやされていた選手であったのだが、メディアからのバッシングも受けていた。「平山、おにぎりを電車内で食べる非常識」というような記事を覚えている。心底どうでもいいニュースだったのだが、何故か記憶していた。

知っている選手が点を決めてくれたら嬉しいことだろう。ぼくは、平山を応援し始めていた。その平山がクロスに合わせてヘディングシュートをした。惜しくもシュートは外れてしまったが、ここでＦＣ東京が1点取り返したらどれだけ盛り上がるのだろうか。期待が高まっていく。

しかし、後半18分。小笠原のミサイルみたいなミドルシュートがＦＣ東京のゴールに突き刺さった。残り約30分で3点差をつけられてしまった。これで勝負は決まりかな。つまらない展開になってしまった。ワンサイドゲームだ。もし、これがテレビだったら、小笠原のシュートが決まった時点でチャンネルを変えるか、トイレに立つか、食器洗いなどの家事を始めたかもしれない。しかし、ぼくはスタジアムの観客席に座ったままだった。

テレビと違ってチャンネルを変えることはできないし、立ち上がって家事を始めるわけにもいかない。もちろん帰宅することはできる。もう勝負はほぼ決まっているのだ。子供の頃よく観に行った野球場では、終盤に点差が開いているとゾロゾロと帰り始める人がいた。ところがこの時、周囲に席を立つ人はいなかった。スタジアム中を見渡しても、席を立つ人は見えなかった。いや、帰るどころではなかった。敗色濃厚にあったFC東京への声援が、前よりも大きなものになっていったのだ。

「東京！　東京！　東京！　東京！　東京！」

これには驚いた。

時間が経てば経つほど状況は絶望的になっていく。しかし、FC東京を応援する声は刻一刻と強まっていったのだ。

思えば情けない話だ。FC東京は優勝を見据えた大切なゲームにも関わらず、開始早々にあっけなく2失点してしまった。その上に、後半には3失点目まで喫してしまったのだ。罵声や怒声が聞こえたり、暴れるサポーターが出てきたりしてもおかしくない状況ではないだろうか。

ところが、FC東京サポーターは、それまで以上に強く応援し始めたのだ。ぼくの座席は応援の中心地からかなり離れたエリアだったので、試合開始時には声を出して応援する人は周囲にいなかった。しかし、3点目を取られた後には、手拍子をしたり、チャントに参加したりする人が増えてきた。

バモバモバモ　東京
バモバモ　バモバモ　東京
この気持ち止まらないぜ

オオオオオオオ　オオオオオオオオ　オオオオオオオ　東京！

最初は歌詞が聞き取れなかったチャントも、すぐ後ろで歌い始めた人がいたため聞き取ることができた。「バモ」が何を意味するのか、その時はわからなかったのだが、後で聞くとバモ（ス）はスペイン語で「さあ行こう」というような意味だった。

応援のうねりは、ぼくのいるエリアを飲み込んでいた。最初は静かに飲み食いをする人ばかりの席だったのに、この時にはじんわりと熱がこもったエリアになっていた。試合の展開は全くもって盛り上がっていなかったにもかかわらずだ。

後半35分。ＦＣ東京の応援の甲斐もなく、大迫勇也がだめ押しのシュートを決めて0─4になった。残り時間は10分強。もう無理だ。どう考えても逆転はできないし、同点にすることだって不可能に近い。しかしながら、ＦＣ東京の応援の声はさらに強まっていった。

その時、ぼくは人生を感じた。サッカーという競技は理不尽なもので、正しいプロセスを踏んだからといって勝利できるとは限らない。どうしても勝たなければならない試合でも、無残に負けてしまうこともあるだろう。しかし、仮に今日負けてしまったとしても、サッカーは続いていくのだ。

今日の試合において敗色が濃厚だからといって、下を向いて、白旗を揚げ、尻尾を振って降参するわけにはいかない。たとえ負けるにしても勇敢に戦い続けなければいけない。人生と一緒なのだ。今日ミスをしたり、打ち負かされたり、惨めに失敗したりしても、人生は続いていく。大切なのは、胸を張ってその時間を生きることだ。4失点目を機に強まった東京サポーターの応援は、この日の勝敗だけに向いていたわけではなかったのだろう。まだ試合が残る今シーズンの行方を見据えて、「決して下を向くな」と言っているような気がした。

「頑張れ!! まずは1点返すんだ!!」

ぼくもそう言いたくなっていた。なんだかよくわからないけど応援したい気持ちになっていたのだ。

すると、平山がボールを押し込みついに1点を返すことができた。ぼくは静かに軽く拳を握りしめた。しかし、まだ3点差。喜んでいる暇はない。ゴールの中に転がったボールを、FC東京の選手が手で持ってセンターサークルへと急いだ。残りの時間、FC東京の選手達は全力で走り続けていた。その間、サポーターの応援の声も静まることはなかった。

そして、試合終了の笛が吹かれた。1―4でFC東京の敗北となった。

試合後には、ブーイングや「バカヤロー、金返せー」などの怒声が聞こえてくるものと思っていたら、そういった声は聞こえてこなかった。それどころか、選手の健闘を称えるコールが聞こえてきた。意外だった。

帰り道、国立競技場駅から大江戸線に乗り込んだ。「バモバモバモ東京……」スタジアムに響いていたチャントが頭の中から離れなかった。東京、東京、東京、東京、東京だ。

東京は、ぼくの生まれた街なのだ。街という呼び名が適当には思えないほど規模が大きいが、ぼくは紛れもなく東京の人間だ。父方の祖父母が茨城から東京に出てきて自営業を始めた。母方の祖母は見事な江戸っ子で、「は行」を発音しない。従兄弟の「ひろし」はいつも「しろし」と呼ばれていた。印刷業を営むおじさん達と話していると、まるで立川談志と話しているような気持ちになることもある。ぼくには東京の血が流れている。

しかし、東京というのは何かと批判されることが多い街でもある。「人情が薄い」とか「出汁の色が濃くて気持ち悪い」とか。しかし、この日、気が付いた。ぼくは東京を深く愛していたのだ。32年間生きてきたこの土地が、ぼくの人生そのものなのだ。

試合展開はあまり面白いものとは言えなかったが、観客席に座っている間に、FC東京というチームが好きになっていた。試合に勝つところも見てみたい。次の試合はどこでやるのだろう?

初めての国立競技場。ひどい試合だったが、雨に濡れたピッチもスタジアムも美しかった

第2節

ふたたびJリーグの試合を観に行ってきた

FC東京vsアルビレックス新潟@味の素スタジアム

Jリーグを初観戦したことについて、拙ブログ「はとのす」に記事を書いた。タイトルは『Jリーグを初観戦した結果、思わぬことになった。』であった。その記事が大変な反響を呼び、アクセス数は2日で10万を越えた。そして、Jリーグクラブのサポーターという人達が突然現れて、メール、Twitter、Facebookなどを通じてぼくに話しかけてきた。やはり、国立競技場のゲートは異世界に通じていたらしい。

前回の観戦でJリーグに興味を持つようにはなっていたが、次の観戦予定は立てていなかった。しかし、多くのサポーターから「次はどの試合を観るのですか?」などと言われると、もう1回観に行こうかなという気がしてくるものだ。調べてみると、10月20日開催のFC東京vsアルビレックス新潟というカードがあった。これに行ってみることにしよう。この日は、別の約束をしていたのだが、友人達にお願いしてサッカー観戦に付き合ってもらうことにした。

試合が行われるのは、調布市飛田給にある味の素スタジアムであった。地元東京のスタジアムではあるものの、山手線よりも西側の地域には全く馴染みがなかった。ぼくが生まれ育ったのは山手線の東側なのである。そのため、電車の乗り継ぎにも混乱し、気付いたら京王稲田堤という駅についてしまった。乗る電車を間違えたのだ。

後で聞いてみると、新宿から飛田給に行く際の典型的な失敗例だという。

ちょっと回り道をすることになったが、なんとか飛田給駅に辿り着いた。改札を抜けると、駅構内にＦＣ東京のチャントと思われる曲が流れている。友人達と合流し、スタジアムに向けて歩き始めると、コンビニが露店を出していて、焼き鳥などを売っていた。大きめのタンクには水が張ってあって、ビールやソフトドリンクを冷やしていた。ちょっとしたお祭り気分で楽しくなってくる。

少し歩いた後、陸橋を登ると味の素スタジアムが見えてきた。その瞬間、まじまじと眺めてしまった。やはりスタジアムは奇妙だ。日常的な風景の中に巨大なスタジアムが突然現れると、どこか知らない世界へと迷い込んでしまったような気持ちにさせられる。

スタジアムは「巨大」であると同時に「異様」な建築物ともいえそうだ。単にサッカーをするだけなら、これほど巨大なものを作る必要はない。平地の周りに椅子を並べればそれで十分だ。しかし、それだけでは観戦できる人の数は限られてしまうし、観戦しやすいとも言えないだろう。スポーツが観たくてどうにもならないという人間の欲望が、こんな大がかりなものを作らせるのだ。

スタジアムに近づくと、まるで要塞のように見えてきた。張り出している鉄骨が外敵の侵入を防いでいるかのようだ。外から見ると少し怖い印象すら受けた。三角に尖った鉄骨のせいで、威圧されているような気持ちになるのだろう。

ぼくらは入場待ちをしている行列に並んだ。入場ゲートでは、スーツを着た眼鏡の男性が軽いフットワークで来場者とハイタッチしていた。

「あれは、誰だ？」

その時はわからなかったのだが、FC東京の阿久根社長だったらしい。知らずにハイタッチしてしまった。社長が待ち構えているゲートを通過した後、まずは座席を確保することにした。コンコースを歩き、観客席へと通じるゲートを抜けると、目の前に広い空間が広がっていた。また「異世界」へと入り込んでしまった。

国立競技場とは違った雰囲気だった。あの時は夜で、この日は薄曇りの昼間だったせいかもしれない。広いピッチが目に入り、階段を下りつつも視線を上げていくと、スタジアムの屋根に囲まれた「丸い空」があった。外にいる時は「威圧的」だと感じていたのだが、中に入ってみると妙にほっとする。そうか、あの外壁は、スタジアムの内部を守ってくれていたのだな、と納得した。スタジアムの空気を感じながら、「丸い空」を見上げていると気分が楽になっていった。そう、心はずっと重かったのだ。

ぼくは、この頃東京大学の大学院博士課程の学生として、水産学の研究をしていた。しかし、その後の人生も研究者を続けて行くことがほとほと嫌になってしまった。だからといって、一度始めたものを途中でやめるのには勇気がいる。何せ大学院だけで4年間も捧げてしまったのだ。気付くと奨学金という名の借金は400万円以上になっていた。

博士課程の途中で結婚することになったのだが、そこで就職することはせずに研究活動を続けていた。

しかし、研究活動や人間関係が上手くいかなくなっていて、気付くと愚痴ばかり言うようになっていた。眠りについても辛い研究生活の夢を見続けた。そんな中、幸運にも長子を授かることができた。しばらくすると丸々とした我が子が生まれてきた。喜ばしいことだった。一方で、元気に泣く子供の前でも鬱々としてしまう自分が嫌になった。

心が疲れ切っていたのだ。本格的に鬱病になったかもしれないと思い、学生相談室のカウンセラーの元を訪れることにした。そこで現状について話しているうちに、自分が本当にやりたいことは研究活動ではないことに気付くことができた。そして、子供の頃からの夢は「作家」になることであることを思い出した。どうせ苦しむのであれば、夢を追って苦しもう。

いまは日本代表の本田だって、長友だって、夢を追いかけているから輝いているのだ。ぼくは研究生活をやめることにした。

でも、いきなり「作家になる」のは難しいので、とりあえずライター業を始めることにした。

フリーランスライターと肩書きをつけた名刺を作り、ブログ「はとのす」をリニューアルした。

インターネット上で仕事を探してみると、次々と見つけることができた。しかし、その殆どは無記名で「ジャンクな記事」を書く仕事。報酬はとても安かった。1日に数万字を書いてもたいした収入にならない。辛かったが、借金漬けだし子供もいるのだ。泣き言は言っていられなかった。そんな生活を半年ほど続けた。

しかし、状況は好転しなかった。このまま小さな仕事を続けていて夢が叶う日は来るのだろうか。いや、きっと無理だろう。このままでは埋もれていってしまう。思い切って仕事を全部断って、ブログ「はとのす」

に全てを賭けることにした。自分が好きなものを書く。自分が書きたいものだけを書く。魂を込めて文章を紡ぐのだ。しかし、ブログ記事を書いていても殆ど収入にはならない。刻々とタイムリミットは迫っていた。正直言ってとても不安だった。でも、本を書くという夢にはギリギリまで挑戦したかった。

表面上は笑顔で過ごしていたが、心は重かったのだ。

そんな気持ちで、味の素スタジアムの「丸い空」を見上げて、ふっと息を吐いた。するると、心の奥底まで満たしているモヤモヤした気持ちが空へ吸い込まれて行ったような気がした。心が少し軽くなった。そして、うっすらと涙がにじんできた。ここはとてもいい場所だ。そう感じた。

試合前に、『スタジアムへ行こう』という曲が流れていた。

スタジアムへ行こう　胸がワクワク
スタジアムへ行こう　みんなドキドキ
上手くいかないこともあるけど　ここに来れば大丈夫

ああ、そういうことなんだ。ここでは何でもリセットできるのだろう。そりゃ、生きていれば色々あるものだ。いいことばかりじゃない。どんな人でも人生に打ちのめされたことはあるものだろう。ぼくもすっかり負け犬根性になっていた。だからこそ、スタジアム空間の力を全身で感じることができたのかもしれない。

さて、いつまでも空を見上げているわけにはいかない。ぼく達がまずやるべきことは、座席を確保すること、食料とビールを入手すること。そして、サッカーを観ることだ。

座席の位置をどうするかについて友人達と相談した結果、ＦＣ東京側のゴール裏から少し離れた位置にした。バックスタンドのほぼ中央から観ていた前回よりも少し東京のゴール裏に寄った形になった。ぼくらは座席を確保するためにマフラー等を椅子においた。そして、食べ物とビールを求めてスタジアムを巡った。

スタジアムの外にある広場では「青赤横丁」という露店街が出ていた。青赤というのはFC東京のチームカラーである。日常的にはあまり馴染みがない色使いで、これまでの人生で青赤のカラーリングをした服装をしたことがあったかと考えたが、ちょっと思い出せなかった。そんなことをぼんやりと考えながら青赤に彩られた露店街を散策してみた。

子供向けのアトラクション、フットサル教室などがあり、後は「スタグル」を売っている露店が並んでいた。「スタグル」というのはスタジアムグルメの略称で、「スタメシ」と呼ばれることもある。生ビール、地ビール、ソーセージ、秋川牛のローストビーフ、タラバガニ磯焼き、富士宮焼きそば、ねぎとろしらす丼、ステーキ丼、東村山黒焼きそば、恵みだんご……どれも美味しそうだったが、どの店も行列していた。

ぼくらは手分けして食料を調達することにした。ぼくの任務は、ローストビーフの入手である。各自が苦闘の末に食料品を確保し、青赤横丁の中央に並んだテーブルへと集まった。

「乾杯！」

露店を回るのは楽しい。それに、友達と飲むのも、美味しいものを食べるのも楽しい。しかし、一番は、これからサッカーが始まるという「ワクワク感」を抱えた状態で飲み食いできることかもしれない。ただのお食事会とは少し事情が違うのだ。ぼくらは戦利品に食いついてお腹を満たし、座席へと戻っていった。

途中で、FC東京のグッズが売っている店に立ち寄った。ひとりの友人は青赤のタオルマフラーを購入した。その友人はFC東京のファンどころか、初めてスタジアムに来たはずなのだ。どうも周囲の人が身につけているのを見ると欲しくなるものらしい。一方、ぼくは何も買わなかった。必要性を感じていなかったからだ。グッズがなくても試合を観ることには出来る。わざわざお金を出して買うほどのものではない。ぼくらは、トイレに立ち寄り、生ビールをもう一杯仕入れて座席へと戻っていった。後は試合が始まるのを待つだけだ。

選手紹介が始まった。相変わらずこの瞬間は気持ちが良い。スタジアムに歓声が響いていく。戦いの前の「名乗り」の時間だ。いきなりピーッと笛が鳴って試合が始まってしまっては味気がないではないか。中世の頃の武士は「やあやあ我こそは……」と戦闘の前に名乗りを上げていたらしいのだが、それに似ている。

国立での経験をもとに、「強くブーイングされる選手が危険な選手」という法則に従うと、アルビレックス新潟で最も危険な選手は、川又堅碁《けんご》。得点ランキングの上位に位置するストライカーだった。選手紹介が終わり、通称「ゆるねば」(You'll never walk alone)が歌われて、試合が始まった。

しかし、どうやら前半はかなりぼんやりと観てしまったようだ。試合前にビールをしこたま飲んでしまったこともあり、細かいことを考えるのが面倒になってしまったのだ。隣には友人達もいたので、ぺちゃくちゃと喋りながら見ていた影響でもある。そう、サッカー観戦の時は喋ってもいいのだ。映画館や劇場では基本的には喋ってはいけないことになっている。観衆は、ただ黙って見守るしかない。一方で、サッカースタジアムでは、喋ってもいいし、叫んでもいい。声援も含めてサッカー興行であると考えるならば、我々は観衆であると同時に、試合の参加者と捉えることもできる。

ぼくらは気楽に試合を観戦していた。チャンスが来れば、「おおお！」と叫び、シュートを外したら「あー！あぁ……」と落胆した。ぼくは選手の識別がまだ殆どできなかったこともあり、ぼんやりとピッチを眺めていた。試合開始から30分、FC東京に決定的なチャンスが訪れた。フォワードの選手がゴール前でパスを受けてフリーになった。そしてシュートを放った。しかし、ボールはゴールキーパーに止められてしまったのだ。

「あれを外しちゃ駄目だろ……」

ぼくは、思わず呟いた。しかし、その直後に、ゴール裏から大きな声援が湧き上がってきた。FC東京を後押しするチャントが力強く始まったのだ。決定機を逸したのだから当然サポーターも落胆しただろう。しかし、応援というのは上手くいかない時にこそするべきものなのだ。勝ち馬に乗って騒ぐだけでは応援ではない。苦しい時に支えてこそ応援だ。ぼくは自分を恥じた。

選手のことを批判して、滅茶苦茶に悪口を言うことでフラストレーションを晴らす。そんなことがしたかったわけではないのだ。今は外しても、次は必ず決めてくれる。そう信じて力強く支えるのがサポーターなのだろう。もちろん、我慢の限界というものはあるだろうが、「信じること」がサポーターの基本精神なのかもしれない。

サポーターというと、チームの運営や選手に対して不満を言い続けるというイメージを持っていたのだが、それは誤解であったような気がしてきた。ぼくもゴール裏に行ってみたくなった。元々、「そういうの」は得意ではない。ライブハウスにいっても後ろの方で腕組みをして見ているタイプなのだ。ステージの目の前で踊り狂う人達の気持ちがさっぱりわからない。でも、ゴール裏には行ってみたいと感じた。あれだけ一生懸命応援したらどんな気持ちになるのだろうか。

ところで、試合を眺めていると、妙に目立つ選手がいることに気付いた。

新潟が攻撃を組み立てようとすると、必ずといっていいほど中盤で潰しに行っていた。「必死に」とか「一生懸命」という言葉が似合う選手だった。背番号7番の選手だ。名前をみてみると米本拓司《たくじ》と書いてある。この選手は好きになりそうだ。もう一人、圧巻だったのが49番のルーカスで、ピッチのどこにいてもルーカスがボールを持てば安心して見ていられた。力強く安定したボールキープから的確にパスを捌きつつ、時折自分でドリブルして駆け上がっていった。大黒柱という呼び名がぴったりの選手だ。

一方で、新潟の前線の選手はよほど足腰が強いのか、前線で驚異的な粘りを発揮していた。もうちょっと粘られるとやばいなという雰囲気は感じたのだが、FC東京のディフェンス陣、すなわち森重と加賀がしっかり守っていたようだ。でも、具体的にどんな駆け引きをしていたのかは、スタンドからぼんやり見ているだけではよくわからなかった。

試合は、スコアレスのままハーフタイムに突入した。前半戦は試合前にビールを何杯か飲んでしまったこともありゆったりとピッチを眺めた。飲み食いしつつ友人と喋りながら観戦するのはとても楽しかった。しかし、ハーフタイムにトイレに行くとすっかり素面になった。もう一杯ビールを購入するという手もあったが、ここは試合に集中することにしよう。

後半が始まりしばらくすると、FC東京は相手ゴールの近くでフリーキックのチャンスを得た。いい位置だ。直接ゴールが狙える位置だった。FC東京のゴール裏が「オオオオオオオ」と緊張を煽る声を上げていた。1人の選手が走り出してシュートを蹴った……かと思いきやキックフェイントで、後ろから走り込んできた選手がシュートを蹴り込んだ。ボールは浮き上がり鋭い弧を描いてゴールの中に落下していった。その瞬間、巨大な歓声が世界を満たした。ついさっきまで誰も声を出さない静かなエリアだったのに、太田宏《こう》介《すけ》のシュートが突き刺さった瞬間、空気が一変した。

ぼくも立ち上がって両手を挙げていた。自然と声が出た。「うおーーー!!」と叫んでいた。友人達も同様だった。そして、あたりは文字通り「お祭り騒ぎ」になった。大歓声と割れるような拍手に包まれ、ゴール裏からチャントが流れてきた。

東京ラララララ　ラララララ　ラララララララララララ
わっしょい!　わっしょい!
ララララララ　ララララララ　ラララララ
イエーイ!!!

「東京ブギウギ」のメロディだ。歓喜の歌なのだろうか。「今、わっしょいわっしょいって言ったよね」などと友人と話していた。本当の意味でお祭り騒ぎだ。

79分にはFC東京が追加点を取った。ゴール前の混雑したエリアをルーカスが強引にこじ開けてシュートを流し込んだのだ。再びぼくらは大騒ぎに包まれた。友人達とハイタッチをするなどして喜んでいると、また例の「わっしょいわっしょい」がゴール裏から聞こえてきた。

それでも、新潟側の応援席はずっと応援を続けていた。当たり前のことなのかもしれないが、敗色が濃厚になった後でも応援し続ける姿には美しさを感じた。そして、アディショナルタイムに突入した頃、東京のゴール裏からしっとりとした曲が聞こえてきた。

東京　東京　眠らない街
青と赤の俺らの誇り　オオオ

どうやら勝利を確信した時に歌う曲らしい。

何度も何度も繰り返される「眠らない街」というフレーズを聞いて、自分が生まれた街のことが頭を巡った。ぼくが住んでいるあたりの街はさっさと寝てしまうのだが、大学の時過ごすことが多かった渋谷は本当に眠らない街だ。1次会から2次会へ、3次会は公園で缶ビールを飲む。そして、空が白んできた頃に始発に乗るために駅まで歩き始める。横を見ると馬鹿みたいに大きいハシブトガラスがゴミを漁っている。あのあたりは深夜だろうが早朝だろうが必ず誰かしらが歩いている。

そういった情景を今まで特別なものとは思ったことはなかったが、確かに東京という街の特徴の1つなのだろう。そういえば新宿で飲んだ時に終電を逃し、コマ劇場前で呆然としたこともある。でも、そんな時はタクシーに乗る金もないので適当に歩き始めた。行き先なんかどうでもいい、東京では歩いていれば必ずどこかに着くのだ。

結局、スコアはそのまま動かず2―0で試合を終えた。

ぼくらは試合が終わると早々に席を立った。電車が混まないうちに帰らないといけない。ゴール裏のサポーター達は試合後も用事があるのか、まだ席を立たないようだった。ぼくらは飛田給駅へと向かった。

「サッカーを観た後は無性に飲みたくなる」

同行した友人が言いだした。「君がそういうなら仕方がない。付き合ってやろう」と言いつつ、新宿まで出てから一杯やることにした。

西新宿の居酒屋で、試合の「思い出」を好き勝手に喋り倒した。太田宏介のフリーキックは見事だった。あの瞬間は本当に気持ちが良かった。今回が初観戦となったお嬢さんは、「選手はルーカス以外誰もわからなかったけど、すごく面白かった！　また来たい！」と言っていた。そして、この日の話題で一番盛り上がったのは、チャントについてだった。

「1つ変なのあったよね？　飲み会のコールみたいなやつ」

「あった！　あれ、私もずっと気になってたんだよね！」

「どんなのだっけ？」

「そう……確か……　長谷川、アーリア、アーリア……」

「はーせがわ、アーリア、ジャスール！　ジャスール！　ジャスール！　はーせがわ、アーリア、ジャスール！

ララララララー!!」

「それだ!!」

無事に思い出したのでみんなで歌ってみた。

長谷川アーリアジャスールがどんな選手なのか把握している人は1人もいなかった。しかし、しこたま飲んで、馬刺しや牛すじ煮込みなどを平らげ、すっかりご機嫌になったぼくらには、細かいことはどうでもよかった。実に楽しい時間だった。西新宿のひっそりとした居酒屋に、長谷川アーリアジャスールの名前が響き渡っていた。

終電間際まで飲み続けた後、1人で地下鉄に乗り帰途へ着いた。2回目のサッカー観戦は楽しかった。ぼくはJリーガーの名前だってまだ殆ど知らなかったし、ピッチ上の選手を識別することも満足にできなかった。けど、それでも十分楽しむことができた。サッカー観戦なんてユニフォームの色が区別できればそれでいいのだ。最高だ。嫌なことがみんな吹き飛んでいった。

そして、ぼくのスケジュール帳はJリーグの日程で埋められていった。

スタジアムの異様な外観は、外敵からホームチームを守るかのようだ。なのに、スタグルが並ぶ「青赤横丁」には緊張感はまるでない

第3節

鹿島アントラーズvs川崎フロンターレ@カシマサッカースタジアム

「カシスタ」で野戦の雰囲気を味わう

10月27日、カシマサッカースタジアムへ車で向かった。鹿島アントラーズサポーターの方に誘ってもらい、川崎フロンターレ戦を観戦することになった。初観戦した国立のチケットも、鹿島サポーターの彼にもらったものであった。

鹿島アントラーズは、Jリーグ開幕時に応援していたチームだ。Jリーグをいつのまにか見なくなってしまったが、アントラーズは今、どんな状況なのか、行く前に少し予習してみた。

カシマサッカースタジアム、通称「カシスタ」は、アクセスがあまりよろしくない。東京都内から向かう場合、距離にすると約100キロで、渋滞がなくとも1時間半ほどかかる。東京駅から直通バスも出ているが、片道2000円前後と決して安いとは言えない。電車で向かった場合でも2時間近くかかり、運賃はこちらも片道2000円程度である。都内に住む鹿島アントラーズのサポーターにとって往復4000円は「必要経費」かもしれないが、ちょっと高い印象がある。

鹿島アントラーズが本拠地としているエリアの人口は30万人に満たない。これはJリーグの中でも最下位に近い数字だ。

そのため、人口が多い地域からも観客を呼び込むことも必要なのだが、アクセスが悪いためにうまくいかない。しかも、公共交通機関が少なく、地元の住人であってもアクセスしやすいとは言えない。カシスタは、簡単には満員にならない運命にあるようだ。

もちろん、観客数が少なくとも、地方の小さなクラブとして身の丈にあった運営をしていくという方法もある。しかし、それは鹿島アントラーズの歴史が許さないのだろう。


Jリーグで最も強いチームはどこかと問われれば、Jリーグには突出したビッグクラブはなく、多くのチームに優勝のチャンスがあるリーグだと答えることができる。では、20年の歴史で最も栄光を重ねてきたチームはどこかと問われれば迷うことはない。タイトル数で他を圧倒しているのが鹿島アントラーズなのだ。

Jリーグで最も重要視されているタイトルは1年を通して争われるリーグ戦の優勝である。それにヤマザキ・ナビスコカップと天皇杯を加えて3大タイトルとされている。

鹿島アントラーズの実績は、リーグ優勝7回、ナビスコカップ優勝5回、天皇杯優勝4回である。合計すると16のタイトルを取っていることになる。2位以下を並べてみると、東京ヴェルディ（7回）、ジュビロ磐田（6回）、横浜F・マリノス（6回）、浦和レッズ（4回）、柏レイソル（4回）、ガンバ大阪（4回）と大きく差をつけていることがわかる。

最も価値が高いとされるリーグ優勝に絞って考えてみても、鹿島アントラーズの7回に続くのは、ジュビロ磐田と横浜F・マリノスの3回、東京ヴェルディとサンフレッチェ広島の2回である。鹿島アントラーズの戦績がいかにずば抜けているかがわかるだろう（以上全て2014年3月時点）。

首都高から東関東自動車道を経由して潮来インターチェンジに辿り着いた。さらに進んでいくとクラブハウスが見えてきた。アントラーズのクラブハウスは近未来的な外観で、曲線的なデザインでミラーガラスが張られていた。中に入るとグッズショップがあり、その奥には芝生のピッチが広がっていた。ちょうどユースの試合が行われていたので、前半だけ観戦することにした。非常にレベルが高くて面白い試合だった。プレイしている選手のうち何人かは、プロ入りが決まっているとのことだった。

ハーフタイムを迎えると中座して、スタジアムへと向かった。スタジアムのすぐ近くにも大型駐車場があるのだが、帰りに渋滞してしまうと車を簡単には出せなくなってしまうらしい。今回はベテランサポーターの案内で、裏道に抜けやすい駐車場を選んだ。

駐車場に着き、少し歩くとカシマサッカースタジアムが見えてきた。それまで何の変哲もない道を歩いていたのに、スタジアムが見えた瞬間に景観が一変した。スタジアム上部が波打つような形をしていて、妙に色っぽく見えた。

スタジアムの外周にはコンコース（通路）が走っていて、そこを歩く人がまるで蟻のように小さく見えた。あの中に今から入れるのかと思うと気持ちが高揚してくる。

ぼくらはカシスタの中に入り、2階の席を確保した。そして、スタグルの調達に向かった。カシマスタジアムは、日本でもトップクラスにスタグルが充実していることで有名らしい。コンコースが広いことと、自由に火が使えることがその理由だ。Jリーグのスタジアムの多くは公園内にあることもあって、条例などで火を使えないため、電子レンジに頼らざるを得ないそうだ。

しかし、カシマスタジアムは法的な問題をクリアしている。そのため、コンコースはモクモクと煙が出ていて、「日本一煙いスタジアム」という異名もあるという。

カシマスタジアムでは、特に肉系のメニューが充実していた。これは周辺で畜産業が盛んなことも関係しているのかもしれない。

カシスタに行く際には、五浦《いづら》ハムというお店が美味しいと多くの人から勧めて頂いた。しかし、五浦ハムは混んでいたこともあり次回に回すことにした。問題はない。それ以外にも美味しそうなものがたくさんあるのだから。

最初に食べたのはもつ煮込みだった。場末の居酒屋から富士山の山小屋まで、様々な場所で気持ちを和ませてくれるメニューであるが、カシマスタジアムで食べるもつ煮込みは非常にハイレベルだった。もつ独特の臭みはなく、うっすらと乗っている脂が上品に舌先で溶けていった。瑞々しい大根をはじめ、人参、葱、コンニャクもたくさん入っていて、爽やかさすら感じたほどだ。

一皿のもつ煮込みでここまで満足感を味わえるとは思わなかった。焼酎のお湯割りとかを飲みながらここで一杯やっているだけでも満足できそうだ。量も十分にあって、一杯食べるとそれなりにお腹が満たされた。とはいっても、まだまだ他の物を食べる余裕はあった。

次はローストビーフ丼を購入しようと思ったのだが、ご飯が売り切れてしまったらしい。なので、ローストビーフだけを購入した。これもまた美味しかった。

試合開始まで時間に余裕があったこともあって、スタグルを求めて彷徨っていたところ、コンコースを歩くたくさんの人とすれ違うことになった。結果、人々がどういう表情で歩いているのかを観察する形になった。しばらくして、あることに気付いた。

それは、「すれ違う女性が可愛い」ことだった。道行く人がみんなキラキラして見えたのだ。

その後も注意深く見渡したが、その印象が変わることはなかった。高校生くらいのグループ、彼氏や旦那さんらしき人と並んでいる女性、みんな魅力的な表情をしていた。なんでみんなこんなに活き活きした表情をしているのだろうか。日常の風景、たとえば通勤電車や大学のキャンパス、近所のスーパーではこういう表情の女性はあまり見ない。しかし、どこかで似たことを感じたことがあった。どこだったかな。結局その時は答えがわからず、モヤモヤしたまま帰宅することになった。帰りの車がディズニーランドの近辺を通った時に、ようやく合点がいった。そうだ、ディズニーランドにいる人と同じ表情なのだ。そうか、わかった気がする。

彼女達はうれしくて、うれしくて、うれしくて、うれしい。そんな状態だったのではないか。

そういう表情になるのは、うれしいことが1つだけではなくて、いくつも重なった時だ。仲の良い友人や恋人や家族と共に談笑しつつ、ワクワクしながらスタジアムの中に入って来て、露店でもつ煮込みや焼きハムなどを買い求める。

チームカラーのユニフォームを着て歩くと、周りには同じ仲間がたくさんいる。サッカーを観戦し、お気に入りの選手に声援を送る。席によってはすぐ近くに選手を見ることもできる。

スタジアムで開催される「サッカー祭り」の度に彼女達は胸をときめかせているのであろう。

さて、腹を満たした後、座席に戻って試合開始を待った。席は2階の中央付近で、そこからピッチを眺めると、その美しさは感動的だった。この景観を味わうためだけにでも来る価値があるようにすら思える。しかし、ここは観光名所の景勝地ではない。歴戦の王者鹿島アントラーズの「根城」なのである。ゴール裏は「アントラーズレッド」と呼ばれる深い赤に染まっていた。観客席の最前列には、赤色の大きな旗が10本以上出ていた。旗には白のドクロが描かれていて、それを旗持ちの若者達が力一杯振り上げていた。凄い迫力だ。

試合が近づくとゴール裏から「オーオオ、オーオオ」と合唱が聞こえてきた。「錨を上げろ」という曲らしい。力強い太鼓の音がスタジアムに響き渡り、深紅と黒で意匠されたジーコの顔がゴール裏に浮かび上がってくる。巨大な横断幕は南米の革命家、チェ・ゲバラの意匠にも似ていて、鳴り響く太鼓の音も相まって非常に物々しい雰囲気が感じられる。

最初の印象は、あまり「上品ではないな」というものだった。鹿島アントラーズのゴール裏の雰囲気は怖いくらいの迫力だった。一方で、その迫力に感動している自分もいた。こんな光景を目にすることができるとは思っていなかったのだ。カシスタという建造物が持つ魅力と、ゴール裏から放たれる応援は、特別な雰囲気を織りなしていた。

試合が始まった。序盤は押しつ押されつの展開であったが、川崎のディフェンスのクリアミスを21歳のミッドフィルダー土居聖真《しょうま》がゴールに押し込んだ。それからは一方的な展開になった。44分に、鹿島のエース大迫がクロスボールを綺麗に流し込んだ。このシュートはぼくの席からとてもよく見えた。左から飛んできたボールを左足で合わせて、ゴールの右隅に流し込むというテクニカルなシュートだった。歓喜に沸くスタジアムに大迫のチャントが響き渡った。

オオサコー　オオサコー　オッオッオオサコー

文字にしてみるとピンとこないが、キャッチーなメロディを持つご機嫌な曲だった。

後半に入り、56分にコーナーキックを山村和也《かずや》が合わせて3点目を加えると、その5分後に遠藤康《こう》のミドルシュートが美しい弧を描いて吸い込まれて行った。既視感を覚えた。そうだ、国立競技場で初めて観戦した時も、遠藤が同じような位置からミドルシュートを決めていた。

その後、川崎はオウンゴールで1点を返すのが精一杯で、4―1で鹿島アントラーズの完勝となった。得点を重ねていく度に、スタジアムに上機嫌な空気が広がっていった。大きな旗は勢いよく振り回され、歌声も大きくなっていった。ホームのカシスタにおいて、一旦鹿島アントラーズの雰囲気になってしまうと押し返すのは大変そうだ。

試合が終わり、帰途についた。その際に、ちょっと寄り道してゴール裏の最前列にある「Spirit of Zico」と書いた横断幕を見せてもらった。

「これは鹿島の魂だからよく見ておけ」

そう言われて、拝むように眺めた。幅5メートル程度の赤い旗に白抜きで文字が書かれていて、下の方に星のマークが16個ついていた。この意味はすぐにわかった。鹿島アントラーズが獲得してきたタイトルの数だ。

そして、「Spirit of Zico」という言葉は鹿島アントラーズサポーターにとって、非常に大切なものということだった。直訳すると「ジーコの魂」とか「ジーコの精神」という意味になる。ジーコは、吹けば飛ぶような小さなチームだった鹿島アントラーズに、勝者のメンタリティを植え付けた。それが20年経った今にも脈々と受け継がれている。

帰宅した後、風呂に浸かっているとスタジアムの音が頭の中に響き始めた。太鼓の音が響き渡り、力強い応援の声が続いていった。布団に入って目をつぶると光り輝くスタジアムの光景が浮かんできた。そして、ふたたび応援の声が響いてくるのだ。凄いものを見た。あの雰囲気は一体何だったのだろうかと、帰宅してからも考えることになった。

あれは一体なんだったのだ。それから何日かは、気付くとスタジアムの光景と音響を思い出していた。そして、このフレーズが頭に浮かんだ時、ようやく謎が解けたような気分になった。

「鹿島アントラーズに退却の二文字はない」

鹿島アントラーズというチームは足の先から頭のてっぺんまで、全てが戦闘的な要素で出きているチームなのだろう。

応援のチャントも、観客自身に迎合した要素は見当たらない。メロディアスな曲は少なく、「オオオオオオ！」などと力強く叫ぶようなチャントが多い。歌詞らしい歌詞も殆どない。「オオオ」、「コール」、「アントラーズ」、「選手名」という要素だけで殆どの曲が成立する。

ぼくは鹿島アントラーズのチャントをインターネットで何度も聴いた。何度聴いても素晴らしかった。アロマテラピーの香りと一緒に寝室で聞くような音楽ではない。それよりは、映画「ロード・オブ・ザ・リング」の攻城シーンで流れてそうな曲だなと思った。

そうだ、まさにその通りなのだ。鹿島アントラーズのチャントは、戦闘時に相手を徹底的に威圧することを目的にした曲なのではないだろうか。試合中、チャントがずっと鳴り響いているわけではなかった。試合の展開に応じて、静かにしていることもある。しかし、相手がミスをしたタイミングなどに合わせて、突然太鼓の音が響き始め、大合唱が続くのだ。

鹿島アントラーズのサポーター達は、断固戦い抜くための雰囲気を一丸となって作っているのだ。だからこその迫力だったのだろう。無理に分類することもないが、戦意を高めるための「ウォークライ型」の応援と言えるかもしれない。

鹿島アントラーズの応援の雰囲気は戦闘的だと感じたが、実際に怖い思いをしたわけではなかった。双眼鏡を持っていたのでゴール裏で大きな旗を振っている人がどんな顔をしているのか覗いてみたのだが、服装や髪型を見る限りは至って普通の若者だった。鬼のような形相で旗を振っているのかと思ったらそんなこともなくて、時折何か会話をしながらニコニコ笑っているのも目撃した。それを見た時は少しほっとした。スタジアムの雰囲気には物々しさを感じていたのだが、観客達は戦争に動員されてきたわけではない。野戦場のような雰囲気ではあるが、実際に殴り合ったり、銃で撃ち合いをしたりするわけではないのだ。美味しいものを食べて、仲間達との会話をした後で、サッカーの応援をする楽しい休日なのだ。

聞いてみると過去には暴力沙汰が問題になったことも何度かあるようだ。しかし、それはレアケースで、通常はしっかりとエンターテイメントとして成立しているからこそ、「うれしくてうれしくてうれしい」顔をした女性にも出会うことができるのだろう。毎回のように誰かが血まみれにされているような場所では、そういう表情になれるものではない。

これは別に言い過ぎではなくて、海外のスタジアムでは死人が出ることもある。女性や子供が安全にサッカーを観戦できるスタジアムは世界では決して多数派ではない。これはJリーグが誇っていいものだろう。

モダンな外観で知られる「カシスタ」は、日本一煙いスタジアムでもある。下は、星印が並ぶ「スピリット・オブ・ジーコ」の横断幕

ともかく、鹿島アントラーズは強いチームだと感じた。なんといっても、ぼくが観戦した2試合で8得点もしたのだ。しかし、この時はまだよくわかっていなかったらしい。鹿島アントラーズとそのサポーターの本当の凄みを知るのは、もう少し後のことだ。

第4節

浦和レッズvs柏レイソル@国立霞ヶ丘競技場

ナビスコカップ決勝、浦和レッズのゴール裏にて

鹿島アントラーズ戦を観に行った翌週は、Ｊリーグはお休みでナビスコカップの決勝戦が行われることになっていた。

ナビスコカップは、国内3大タイトルの1つとされていて、Ｊ1の18チームのうち、予選リーグを勝ち抜いた4チームに、ＡＣＬ（アジアチャンピオンズリーグ）に出場した4チームを加えて、決勝トーナメントを争う。決勝トーナメントではホーム&アウェーの2試合の合計点で勝敗が決まるが、決勝戦だけは一発勝負で、毎年文化の日の頃に、国立競技場で争われることになっていた。

その決勝戦の対戦カードは柏レイソル対浦和レッズであった。柏レイソルは、サンフレッチェ広島と横浜Ｆ・マリノスという強豪チームを打ち破って勝ち上がって来ていた。浦和レッズもセレッソ大阪と川崎フロンターレを下して来ている。いずれのチームも強豪チームで、Ｊリーグでも優勝争いに絡んでいた。決勝までは激戦の連続であったと聞く。

柏レイソルは気になるチームだった。黄色のユニフォームは格好いいし、大学院の研究室が柏にあったこともあって、何度か観戦に行くことを検討したこともあったのだ。そして浦和レッズも、関心を持っていたチームだった。Jリーグはチーム数が多く、Jリーグのサポーターでもない限り全てのチーム名を把握している人は少ないだろう。しかし、浦和レッズの名前は誰でも知っているのではないだろうか。

1993年のJリーグ創設時からあるチームで、動員力や予算規模では日本で最も大きなチームだ。その熱狂的な観客は世界的にも有名で、フランス誌による「世界のサポーター10選」にも選ばれている。他に選ばれているのは、ボカ・ジュニアーズ、ドルトムント、セルティックなどの世界的に有名なチームばかりだ。

浦和レッズは規模においても話題性においても日本最大級のクラブである。一方で、サポーターが問題を起こして新聞を賑わしてしまうことも多い。そのため、そのサポーターには怖いイメージがあった。にも関わらず、浦和レッズに興味を持ったのは、拙ブログに「初観戦記」を書いた後、「浦和レッズを一度見に来て欲しい」とサポーター達から言われ続けたためだった。正確な数はわからないが、50件は超えていたはずだ。理由は全くわからなかったが、同様の趣旨のコメントが殺到していたのだ。他のチームのサポーターからも誘われることはあったが、ここまでの熱量はなかった。

「よし、ナビスコカップの決勝に行ってみよう」

と、勇んだものの、既にチケットが売り切れてしまったらしい。そうか、それなら仕方がない。自宅でテレビ観戦することにしよう。そう考えていたところ、一通のメールが届いた。

「浦和ゴール裏、自由席のチケットあります。当日は熱烈なサポーターがあふれていますが……それでもよければお譲りしますよ」

不安な気持ちもあったが、好奇心を抑えられなかった。国立競技場が満員になるカードなのだ。行けるものなら行ってみたい。後でわかったのだが、決勝戦の入場者数は、なんと46,675人だった。

ぼくは分かっていなかったのだが、ゴール裏の席を確保するのは大変なことらしい。浦和レッズのサポーターは試合前日の早朝に埼玉スタジアムで行われる抽選に参加して、それによってスタジアムへの入場順が決められるのだという。前日にわざわざ（試合会場でもない）埼玉スタジアムまで出向くのは大変だろうが、そうしないと何日も前から会場付近に並ぶ人が出てしまうため、前日に抽選する方がまだ効率的だということだった。

ところで、サポーターではないぼくが浦和レッズのゴール裏に行っても大丈夫なのだろうか。

「臨機応変に合わせれば大丈夫ですよ」とは言われたが、もし合わせ損なったらどうなるのだろうか。

不安な気持ちが拭いきれない。ゴール裏というのは、熱狂的なサポーターが集まるところで、多くのトラブルもこのゴール裏から生まれると聞いている。

流石にゴール裏のど真ん中に行くのは怖すぎるので、せめて端っこの方に座りたいという希望を告げると、最上段の隅のあたりを確保してくれるとのことだった。しかし、それでも過激なサポーターに遭遇してしまう可能性もある。浦和レッズのサポーターが暴力事件を起こしたという報道を最近も見たような記憶がうっすらとあった。

不安になって調べてみると、その年の夏、対戦相手の清水エスパルスの選手バスに爆竹を投げつける事件を起こしていた。誘ってくれた方は大丈夫だと言うが、不安になる。どんな危険地帯であっても、振る舞いを間違わなければトラブルになることはないだろうと思うが、うまく応援できずにサポーターではないことがばれてしまうと、思わぬトラブルを生むかもしれない。

ゴール裏はサポーターが集まって、座席に座らず、立ったまま応援する場所だとされている。だから、ぼくもこの日は浦和レッズを90分間応援することにした。それが礼儀というものだろう。郷に入れば郷に従えだ。服装もなるだけ赤くしていこう。自宅で赤い服を探していると、こんなメールが届いた。

「浦和レッズに対して『媚びた』文章は見飽きました。いいことも悪いことも含めて、目に見えたものをありのままに書いて欲しいです。チケット代はいりません。その代わり是非ブログ記事にして下さい」

チケット代の代わりにぼくは文章を書くことになった。これは生まれて初めてのサッカー記事の執筆依頼とも捉えることができる。とにかく、行ってみよう。

11月2日の朝、目覚めたのは8時頃だった。国立競技場には既に行列ができているとの情報を得た。誘ってくれたサポーターの方に席を取っておいてもらうことになっていたので、行列に並ぶ必要はなかったのだが、あまり遅く行くのも格好が悪い。ぼくは、赤いタートルネックに、赤いナイキのランニングシューズを履いて、慌ただしく出発した。

JRの総武線に乗り込むと、車内に浦和レッズの赤いユニフォームを着た人がいた。この日初めて見た浦和レッズサポーターだったのでで、印象に残った。立派なヒゲをたくわえた男性で、年齢は40代半ばであっただろうか。出っ張ったお腹にあわせて、赤いユニフォームも膨らんでいた。どうやら子供を連れているようだった。過激だと言われている浦和レッズの試合に子供連れで行く人がいるのかと一瞬驚いたが、よく考えると座席はゴール裏だけではない。座って緩やかに観戦できる席もあるのだろう。

国立競技場の最寄り駅、千駄ヶ谷駅に着くと、赤いユニフォームを着た人達で溢れていた。一方、柏レイソルの黄色いユニフォームを着た人はほとんど見かけなかった。どうやら柏サポーターはのんびりと集まるようだ。ぼくは、赤い集団と一緒に千駄ヶ谷門の方へ歩いて行った。

そこで少し拍子抜けするような気持ちになった。スタジアムの周辺は殺気立った状態になっているのかと思ったのだ。ぼくとしては決死の覚悟で来た。しかし、少なくともスタジアムまでには騒いだり、暴れたりしているサポーターを見かけることはなかった。隣を歩いていた男性数人のグループの会話が印象に残っている。


「柏は強いからな。今日は頑張って欲しいね」


おかしい。もっと粗暴な言動をした人がいるはずなのだ。

千駄ヶ谷門から国立競技場に入ろうとすると「赤き老若男女鼻息荒げろ」という横断幕を見つけた。ここにまた違和感があった。「老若男女」と「鼻息」という言葉についてだ。特に「老」という言葉には引っかかった。こんな危険な場所に老人が来る事なんてあるのだろうか。そして「鼻息」という表現も妙に可愛らしい。残虐で過激な表現は世の中にはたくさんあるのに、どうしてわざわざ「鼻息」を選んだのだろうか。

入場ゲートに入り、チケットの半券を切るとスポンサーのナビスコ製のポテトチップスをもらった。現金なものでおやつをもらえると嬉しくなった。ありがたく頂くことにした。コンコースに入ると、所狭しと人が歩いていてなかなか前に進めなかった。

人間が歩いているだけなら良かったのだが、コンコースの大部分は、ビニールシートを敷いて酒盛りをしている人達で埋まっていた。場所が薄暗いコンコースで、そのほとんどが赤いユニフォームを着ていることを除いては、お花見の光景と全く同じだ。カップル、若者の集団、家族連れ、年配の方の集まりなど様々なグループがあった。浦和レッズのサポーターは、大切な一戦を前にして、ビニールシートの上で、ナビスコのお菓子や唐揚げをつまみながら宴会をしていた。

何を飲んでいるのかまではわからなかったが、きっと水筒に忍ばせてきたお酒でも飲んでいるのだろう。とても楽しそうだった。タイトルが懸かった決戦の直前とはとても思えなかった。怖い人には遭遇しないばかりか、近所のおじさん達が酒盛りしているような風景を見ることになった。この日、ヤクザやヤンキーというような風体をした人には、最後まで巡り会わなかった。

ゴール裏のスタンドへと入っていったところ、国立競技場は真っ赤に染まっていた。いや、それは少し言い過ぎだ。外から見ると真っ赤なのかもしれないが、中に入ってみると赤以外の服も目立っていた。少し意外に思ったのだが、まだ着替えていない人もいるのかもしれない。とりあえず招待してくれたサポーターグループの方々と会って挨拶をした。彼らはゴール裏の中心地付近に陣取っていた。そのうち何人かはぼくの書いた記事を読んでくれていたようで、握手を求めてきた。熱く握手を交わすと誰も知らない場所に居る不安が少し和らいだ。

このまま中心地で一緒に応援することもできるし、端っこの方にも席を確保してあるのでそっちから見ることもできるとのことだった。ぼくはまだ浦和レッズのゴール裏にいることに対して恐怖心を覚えていたので、端っこの方の席に案内してもらうことにした。

先導してもらって、ゴール裏の最上段の端に向かっていった。その途中、浦和レッズの応援のことや、座席のことを教えてもらった。その方がとても優しく親切だったことが印象的だった。ぼくが困らないようにとても気を使ってくれて、席についた時には非常に温かい気持ちになっていた。その態度は穏やかで他人を威圧するようなところはなく、彼の言葉からは浦和レッズへの愛だけがあふれていた。なんだかとてもさわやかだった。

一度コンコースへ戻り、再びスタンドへと続くゲートをくぐった。すると、異常な光景が目の前に広がっていた。旗だ。一面、真っ赤な旗が広がっていた。さっきまではなかったはずだ。たくさんの人が浦和レッズのチームエンブレムなどが染め抜かれた旗を手に持ち、大きく振っていた。

旗の数は、数千という単位だった。とんでもない数だ。前後左右、どちらを見回しても真っ赤な旗しか見えなかった。少し気持ちがワクワクした。と、同時に不安な気持ちも蘇ってきた。ぼくはここにいても本当に大丈夫なのだろうか。赤い旗の海には狂気すら感じたのだ。普段は普通の人のように見えても試合が始まった途端に、発狂したように暴れ出してしまうかもしれない。

空は暗く、小雨が時折パラついていた。あたりは異常な光景になっていた。何千もの旗と真っ赤なユニフォームを着込んだサポーターの集団に囲まれていたのだ。

しかし、歩いているとすぐに気持ちが落ち着いてきた。それは、子供の姿を頻繁に見つけることができたからだ。子供達は両親の隣にちょこんと座っていることが多かった。

苦労して自分の座席に戻ってみると、ぼくの隣の席にも子供が座っていた。小学生くらいの女の子2人とお母さんがいて、その隣ではお父さんが、空を見上げながら全力で赤い旗を振っていた。ブーン、ブーンと風切り音をさせているお父さんの顔は、透明で澄み切っているように見えた。


席に座って待っていると、階段を白髪のおばあさんが登ってくるのが見えた。とても優しそうな表情をした眼鏡のおばあさんだった。老人も浦和レッズのゴール裏には多かった。見かけたのは1人や2人ではない。入り口で見かけた横断幕に偽りはなかったようだ。ここはまさしく老若男女のための場所だったのだ。不安な気持ちはあったが、何とかなりそうな気もしてきた。しばらく席に座っていると、浦和レッズの応援をまとめている方だろうか、すぐ近くに来て観客席に向かって大きな声で話し始めた。

「選手が入場をする時に、足下にあるシートを掲げて下さい。位置を計算してありますので、入れ替えないようにお願いします」

座席に配置されている赤や白のシートを観客1人1人が掲げると、コレオグラフィーという「人文字」のようなものができるらしい。

この時印象に残ったのが、説明してくれた方の口調が丁寧だったことだ。混雑した観客席の中を何カ所も回って協力を呼びかけていた。浦和レッズの職員ではないと思うので、きっとコアサポーターと呼ばれる人だったと思うのだが、ここにまた拍子抜けしてしまった。コアサポーターとはもっと恐ろしい風体をした人達だと思っていたからだ。

オーオオオーオーオー、オーオオオーオー
オー　オオオオーオー　オーオーオーオー

音楽が始まった。周囲の人々が合唱を始めたのだ。聴いたことがあるメロディーだった。エルガー作曲のクラシック曲「威風堂々」の旋律だった。ゆったりとした音楽を聴いていると不思議な気持ちになった。ゴール裏は神秘的な雰囲気に包まれていた。聴いているうちに、口に出してみたくなった。周囲の人がみんな歌っていたので、歌う方が自然だったのだ。

選手入場が始まると、みんな一斉にシートを掲げた。ぼくも同じようにシートを掲げた。「威風堂々」を歌いながら、真っ赤なシートの隙間からわずかに見えるピッチと、国立競技場に響く合唱だけがぼくの世界だった。「特別な場所」に来たのだ。そんな感慨が湧き上がってきた。わけも分からず感動して涙が滲んできた。この感情はなんだろうか。

こんな場所が日本にあったのか。ぼくは、この時、この場所でしかできない体験をしていた。「威風堂々」が終わり、「浦和レッズ！　浦和レッズ！　浦和レッズ！」という大きなコールが周囲から湧き上がってきた。とんでもなく巨大な音の塊だった。そして、国歌斉唱が始まった。

歌い手は松崎しげるだった。松崎しげるは、ディナーショーに出てくるような素敵なスーツで、情熱的に（そして暑苦しく）「君が代」を歌い上げた。ぼくも大声で歌った。国歌が終わると、再び声が湧き上がってきた。

We are Reds!!　We are Reds!!　We are Reds!!　We are Reds!!

太鼓の音が鳴り始めチャントが始まった。

アレーアレーアレー　浦和　アレーアレーアレー　浦和
アレアレアレ　アレアレアレ　アレアレアレー　浦和
オーオオーオー　オーオオーオオーオー

空気が震えていた。とんでもない迫力だった。アレというのはフランス語で「頑張れ」というようなニュアンスの言葉らしい。要するに、歌詞には「浦和レッズ頑張れ」という意味合いしか含まれていなかった。ピッチでは赤いユニフォームを着た選手達がウォーミングアップをしていて、反対側のスタンドでは黄色い塊が飛び跳ねていた。この時、国立競技場は「赤」と「黄」で満たされていて、「緑」のピッチを挟んで、世界は真っ二つに割れていた。

これは、スタジアムでないと決して見ることができない光景であった。とにかく凄いところにきてしまったのだ。それにつられて、「アレアレアレー」と歌い続けていると、いよいよ試合が始まった。

ゴール裏からサッカーを観るのは今回が初めてだったのだが、思いの外見やすかった。一般的には見づらいエリアとされているが、応援する立場になってみると見やすい位置であった。

1つには、ゴール裏から観ていると、攻め込まれた時は相手の「色」が近寄ってきて、攻め上がっていく時には自分達の「色」が相手側に押し寄せていく（後半になると、その逆になる）。そのため、攻守のダイナミズムが感覚的にわかるのだ。

あるいは、高い位置から見下ろす形になったのも良かったのかもしれない。ぼくはまだ両チームとも選手がわからなかったし、遠くからでは識別ができなかった。それでもサッカーが見やすいと感じたのは、感情移入しやすかったためだろう。どちらかのチームに肩入れすることなく、客観的に観るという楽しみ方も当然あるが、片方のチームに完全に肩入れする方が容易な気がした。ぼくは「観客」あるいは「傍観者」をやめて「応援者」になっていた。


チャントの歌詞には聞き取れないものもあった。例えば「フォルツァ」という言葉は現場では聞き取れなかった。後で調べてみるとこれも「頑張れ」というようなニュアンスのイタリア語らしい。サポーター達は、色んな国の言葉で「頑張れ、頑張れ」と歌い続けていたのだ。

ぼくも「頑張れ、頑張れ」の歌に参加しつつ、サッカー観戦を楽しんでいた。攻め上がる時は胸が高鳴り、シュートを撃った時は大声で叫んだ。味方がピンチを乗り越えた時には大きく息を吐き出して安堵した。

試合はまさしく互角の戦いに見えた。赤が攻めれば、黄色が攻め返すという展開が続いていた。もしかしたらテレビでは、なかなか点が入らない面白くない試合に見えるかもしれない。しかし、現場には強烈な熱気があった。浦和レッズを応援する声は止むことがなく、大きなうねりとなっていた。声の先には赤と黄色のチームが戦うピッチがあり、その向こうでは黄色いスタンドが踊っていた。試合は0―0のまま進んでいき、前半が終わろうとしていた。

その時、柏レイソルの選手が突然鋭いクロスを上げて、工藤壮人《まさと》がヘディングで合わせた。突然の展開に声をあげる時間もなかった。抜き打ちで斬られたような鮮やかなゴールになった。すると黄色いスタンドが爆発した。大きな歓声があがり、飛び跳ね、狂喜乱舞している様子がよく見えた。あまりにもあっけない失点に、これが現実のことなのかと疑ってしまったくらいだ。走り回って喜ぶ柏レイソルの選手達の姿は、ゲームのキャラクターのように現実感がなかった。ぼくの周囲のサポーターも押し黙ってしまった。浦和レッズの選手はもちろん、サポーターにとってもショックの大きい失点だ。そして、前半終了の笛が吹かれ、ハーフタイムに突入した。

ハーフタイムにはトイレに行きたくなった。混むといけないので慌てて階段を下りたのだが、既に長蛇の列ができていた。浦和レッズのサポーターはみんな不気味なほど大人しかった。前半終了間際の失点に対して、怒り狂っている人を1人も見かけなかった。みんな大人しく列をなしてトイレの順番を待っていた。

行列に並んでいると、席を確保してくれた浦和サポーターの方と遭遇した。前半の感想を聞かれたので、「あれは悔しい失点でしたね……」と言うと、「大丈夫、後半返しますよ」という返事を頂いた。あまりにも淡々としていることに驚いた。サポーターとはもっと感情的なものなのではないのか。みんな清々しいくらいに平静なのだ。

「うちはいつも詰めが甘くてね……」というような自嘲すら聞かなかった。群集の中で耳を澄ませていたが、「戦犯探し」をしている人にも出会わなかったし、味方はもちろん相手チームのことを悪く言う人にも出会わなかった。もちろん、スタジアム中を探せばゼロではなかったかもしれないが、いるにしても少数派のようだ。

トイレからの帰り道がまたハードだった。ぼくは、人をかき分けて「登山」した。その時、「大丈夫、後半返しますよ」という言葉を何度か思い出した。違和感があったのだ。大事な決勝戦で、致命的な失点をしてしまったのだから、もう少し取り乱してもいいのではないか。そう考えている時、突然閃いた。

彼らは、浦和レッズが勝利することを全く疑っていなかった――

浦和レッズというのはファンが多いことと引き替えに〝アンチ〟も多い。Jリーグファンの中に少なからずいるアンチ浦和レッズ派の主張は、浦和サポーターはとにかく数が多くて、他チームのサポーターを威圧することもあるというものだった。それを聞いていたから、ゴール裏の雰囲気も威圧的で攻撃的なのだろうと思っていた。試合に負けそうになれば雰囲気は悪化し、暴れ回ったり、暴言を飛ばしたりする人がいると思っていたからこそ、ここに来る前には不安を感じていたのだ。

しかし、どうも事情が違うらしい。浦和レッズのサポーター達は、自分達のチームが勝利してくれることを強く信じていただけなのだ。疑うことなく、ただ強く。

この心情は愛という言葉以外では説明できない。サッカーの勝敗には時の運もあるから必ず勝てるとは限らない。それは覚悟の上だろう。しかし、それでも最後の最後には、愛する浦和レッズが勝利してくれることを信じて、応援の声を出していたのだ。

それは正しい態度だと思った。観客席で暴れ回ったところで、選手達にポジティブな影響を与えることはない。サポーターとしてできることは、大きな声援を送り、選手を鼓舞することだ。サポーターは浦和レッズの選手達を最後の最後まで信じている。それを、大声で歌うことによって伝えているのだ。

スポーツ観戦の方法として、少し距離を置いて分析的に楽しむ方法もあるだろう。しかし、サポーターの楽しみ方は逆なのだ。

筋書きがないドラマ、運命に操られる理不尽なストーリーの中に入り込んで、心から愛するチームを全力で支援することだ。だから、これはスポーツ観戦というのと少し違うのかもしれない。どちらかというと、実際にサッカー選手になって一緒にゴールを目指している感覚の方が近い。そして、ぼくもその1人になっていた。ぼくはただの「観客」ではなかった。ぼくも応援に参加することを通じて、浦和レッズと共にゴールを目指していた。

ハーフタイムを終える頃には浦和レッズに対して強い親しみを感じ始めていることに気付いた。何度も「浦和レッズ」という名前を唱えているうちに、その名前が可愛らしく親しみのあるものに思えてきたのだ。不思議な気持ちだったが、ぼくと同じ気持ちをスタジアムにいるたくさんのサポーターが共有しているのかと思うと、とても頼もしく誇らしい気持ちになった。人数にすると2~3万人もの仲間がいたのだ。

浦和レッズのことを心の底から愛しているのだ。浦和レッズサポーターの応援は、外から観たら「威圧的」だと感じるのかもしれない。しかし、ぼくがいた場所は「巨大な愛の塊」だった。浦和レッズのゴール裏が暴力的な場所だなんて大間違いだ。

一方で、浦和レッズのサポーターが理解されないのも当然だ。

これだけの強い愛情が、他人に伝わるわけがないのだ。親が子を思う気持ちと全く一緒だ。これはまさしく「親バカ」だ。サポーターにとっての浦和レッズは大切で可愛らしい、愛する子供なのだ。それがわかると、何としても浦和レッズが勝つところが見たくなった。周りに居る赤い人達と一緒に喜びを分かち合いたかった。それには、1点を取り返す必要があった。

相変わらず雨がしとしと降り続け、空は薄暗い色をしていた。雨具をつけるほどではなかったが、髪は次第に濡れていった。後半に入り、追い詰められた浦和レッズは苛烈に攻め続けた。ぼくが識別できるのは日本代表に選ばれていたディフェンダーで、メディアへの露出も多い槙野智章《まきのともあき》くらいしかいなかったし、どういう戦術で戦っているのかさっぱりわからなかったのだが、前へ進む勢いは強く感じた。浦和レッズの選手達は強いエネルギーを帯びていた。そして、そのエネルギーの発生源はぼくがいる観客席なのだ。

声援は強まっていき、浦和レッズの選手達もそれに応えるように走り続けた。

しかし、柏レイソルもただではやられていない。何度かカウンターから決定機を作った。ぼくの印象では8対2くらいで浦和レッズが優勢だった。この勢いで攻め続ければ1点は取れそうだと思った。カウンターに気をつけて失点を防ぎ、1――1で延長戦にもつれこめれば、勢いにのった浦和レッズに有利な展開となるだろう、と。

しかし、柏レイソルの堅い守りは崩れることがなかった。浦和レッズは敵陣の深いところでパスを回し、何度も何度もシュートチャンスを作ったのだが、後一歩のところでディフェンスに阻まれてしまった。相手も必死なのだ。

浦和レッズ！　浦和レッズ！　ラララララーララーララーラ
浦和レッズ！　浦和レッズ！　ラララララーララーララーラ

このチャントが始まったのは後半15分頃だっただろうか。ぼくの隣にいた2人の女の子が、チャントに合わせて踊り始めた。少し舌足らずな調子で「うらわれっず！　うらわれっず！」と歌っている様子がとても可愛らしかった。

遊んでいる子供達と、その隣には大真面目な顔をして応援しているお父さんがいた。これが浦和レッズのゴール裏で見た光景だった。

しかし、子供達の可愛らしい応援は実らず、得点を決めきれないまま時間が過ぎていった。決定機を迎える度に、ゴール裏の熱は高まっていったが、どうしてもゴールラインを割ることができなかった。

気付くと残り時間が15分程度になってしまった。点を取らないと負けてしまう。ぼくの中にも焦るような気持ちが生まれてきていた。そんな雰囲気の中で非常にテンポの遅いチャントが始まった。

オーーーーーーーオイ！

オーーーーーーーーーーオイ！

このチャントは、焦るなというメッセージなのだろうか。と思っていると、突然太鼓のテンポが速くなった。

アレオーアレオー　アレオレアレアレオー

アレオーアレオー　俺達の浦和レッズ

浦和レッズ　浦和レッズ　浦和レッズ　浦和レッズ

浦和レッズ　浦和レッズ　Pride of Urawa Reds

オオオ　オオオ　オオ　オ　オ　オ　オ　オー

オオオ　オオオ　オオ　オ　オ　オ　オ　オー

冷たい雨が降り注ぎ、刻一刻と敗戦の時が迫ってくる。そんな中で始まった「プライド・オブ・ウラワ」はとても印象的な旋律の曲だった。聖母が微笑んでくれているような、神秘的で、慈愛に満ちた雰囲気の曲だった。

「俺達の浦和レッズよ、信じているから最後の最後まで頑張るのだ。信じている。絶対に疑ったりしない。必ず最後には勝ってくれると信じている」

そんな気持ちが伝わってきた。ぼくもすぐに曲を覚えて参加した。

歌っていると涙があふれてきた。魔法のような力を持った曲だ。浦和レッズのゴール裏には老若男女色んな人がいて、その全員が選手達を信じて、揺るぎない巨大な愛情を送り続けてきた。

親が子に対するのと同じ無条件かつ無償の愛だ。この様子を外から見て、気味が悪いと言う人もいるのかもしれないが、これは絶対的に素晴らしいものだ。

そして89分、相手のクリアミスから生じたこぼれ球を興梠慎三《こうろきしんぞう》が受けてシュートを放ち、ネットを揺らした。ゴール裏からはシュートが入ったところがよく見えた。土壇場でついに追いついたのだ。

「俺達」は両手を突き上げて喜んだ。苦しい展開の中で今までずっと耐えてきたのだ。ぼくの感情も爆発した。感動して涙が止まらなくなった。周囲は歓喜の渦に包まれた。1つ前の席に座っていた女性が後ろを向いてハイタッチを求めて来た。ぼくはにっこり笑って応えようとしたのだが――。

ピッチの様子がおかしいことに気付いた。審判が不思議な挙動をしている。うまく状況が理解できなかった。ぼんやりとピッチを眺めるぼくを見て、前の席にいた女性は怪訝な顔をして前を向いてしまった。おかしい。オフサイドフラッグは上がっていなかったはずだ。しかし、驚くべきことにゴールは取り消されてしまった。あの時、確かにシュートは決まっていた。なのに、ゴールは取り消されてしまった。どういうことなんだ。

サッカーでは審判が判定についてアナウンスすることはない。わけがわからなかった。なんでノーゴールなのだ。時間は89分。後1分とアディショナルタイムしかない。その土壇場でようやく追いついたと思ったのに——。

混乱した。後で調べてみるとやはりオフサイドの判定で正しかったようだが、その場では誰も理解することができなかった。それでも、まだ試合は続いていく。俺達にできることは応援を続けることだけなのだ。もう時間はない。2~3回のチャンスを作るのがやっとだろう。でも、まだ可能性は残っていた。それに賭けて応援するしかないのだ。そんな中で、つまらないパスミスでボールを失ってしまった。気持ちが萎えそうになる展開だ。しかし、そんな時でも、「プライド・オブ・ウラワ」の大合唱は止まらなかった。

落胆している暇があったら応援をするのだ。少しでも力を届けないといけない。ぼくもいつの間にか大声を出していた。

しかし、浦和レッズのシュートは決まることなく、試合終了の笛が鳴った。

サポーターで埋め尽くされたゴール裏は突然静まりかえった。さっきまで大音量のチャントが響いていたのに、何も音がしなくなった。誰も喋らなかった。対照的に、反対側のスタンドでは黄色が爆発した。喜びの声のはずだが、ほとんど悲鳴のようだった。柏レイソルとしても、辛い戦いだったのだろう。

浦和レッズの選手達は力なくピッチに倒れ込んだ。全ての力を使い果たしたのだ。ぼくも呆然としてしまった。最後の瞬間まで追いついてくれることを信じていたのだ。それなのにどういうわけか同点のゴールが取り消されてしまい、敗戦してしまった。悲しかった。涙が止まらなかった。降りしきる雨と止まらない涙で、顔中がグチャグチャになってしまった。

あんなに頑張ったのにどうして負けてしまったのだろうか。こんなにみんなに愛されて、こんなに応援されているのに。どうして……。

試合後に審判団が紹介される場面があった。その時、浦和レッズのゴール裏は強烈なブーイングを送った。レフェリーにブーイングをするのは、あまり上品な行為ではない。レフェリーには従うのがルールなのだ。それがサッカーというスポーツの法律だ。しかし、たとえ法律で決まっていようとも、愛する我が子の身が危なければ牙を剥くのが親というものだ。もしかしたら、あのブーイングを批判する人もいるのかもしれない。しかし、ぼくに言わせればあれは極めて自然だった。

ぼくが見た浦和レッズのサポーターは暴力的ではなかった。平凡で、ありふれた普通の人達だった。そこには、浦和レッズを応援したいという熱い気持ちだけがあった。それはただの愛情に過ぎないのだ。世界中のどこにでもあるものだし、何よりも美しく尊いものだ。

ところで、この日のハーフタイムは、トイレに並んでいる間に終わってしまったのだが、その間に浦和レッズのゴール裏では大がかりなチャントを歌っていた。後で映像を見て、驚愕した。多くの人が肩を組んで飛び跳ねながら歌っていた。

歌え浦和を愛するならば　決めろ浦和の男なら

浦和レッズのゴール裏三景。「鼻息荒げろ」横断幕（上）に赤い旗の海（中）。そして、「我が子への愛」が横溢するスタンド（下）

オー　浦和レッドダイヤモンド　オオオオオオオ
オー　浦和レッドダイヤモンド　オオオオオオオ

数万人が一斉に揺れていた。ぼくはトイレに行っていたから知らなかった。

後になって思うことがある。あの時、肩を組んで浦和への愛を歌っていたら、ぼくも浦和レッズのサポーターになっていたかもしれない。そのくらい強烈な応援だった。幸か不幸かは誰にもわからないが、結局ぼくは浦和レッズのサポーターにはならなかった。

しかし、今では浦和レッズのサポーターを恐れる気持ちなど全くなくなっている。あの時同じ場所で、同じ歌を歌っていたことに対する親しみを感じるだけだ。以降、浦和レッズはとても好きなチームになった。

千駄ヶ谷駅へと向かう帰り道、浦和レッズサポーター達の話が耳に入った。

「今日負けちゃったから、あとリーグ戦落とすと辛いね……」

「頑張らないとね」

相変わらず、穏やかな口調の会話が聞こえてきた。

第5節 Jリーグ初観戦記事の衝撃と余波

Jリーグファンは寂しかったし、悲しかったのではないか

ここまで書いてきたのは、国立競技場で初めて観戦した試合からの4試合の記録であり、拙ブログ「はとのす」に書いたものを大幅に加筆修正したものである。

観戦記録と言うと少し大袈裟かもしれないが、自分の目で見て、心で感じたことをスケッチしたつもりだ。これらをブログに書いた間に起こったことを紹介したい。

それまで、ブログに日本代表やヨーロッパリーグなどの小さなサッカー記事を書いたことはあったが、Jリーグのことを書くのは初めてだった。

初めてスタジアムで観たサッカーの試合は、正直言ってよくわからなかった。しかし、うまく言葉にできない不思議な楽しさを感じたのも事実だった。あの試合の感想をブログにまとめてみよう。そう考えてから書き終えるまでに10日間もかかった。もちろん、その間ずっと書いていたわけではないが、どうやってまとめたらいいのかをずっと考え続けていた。

試合の感想を書くのは簡単だった。1―4のワンサイドゲームでFC東京が完敗した。そして、あまり面

白くないゲームだったと書けばいい。しかし、なぜそのような結果になったのかは全く説明できなかった。

両チームがどういうフォーメーションで戦っていたかもよくわからなかったし、そもそも選手の識別すらうまくできなかったのだ。戦術的な解釈、マッチレビューはぼくには不可能だ。しかし、妙に強い印象が残ったのも事実なのだ。スタジアムでの観戦自体は楽しかった。なぜ楽しいと思えたのだろうか。この感覚は何だろうか。正体がなかなか掴めなかった。書いては消し、書いては消すことを繰り返しながら、何度も国立競技場での体験を思い出した。

そうしているうちに徐々に書くべきことの姿が見えてきた。そうだ、スタジアムにいた人達はみんな飲み食いしたり歌ったりしていたな。スタジアムに入った瞬間気持ちが良かったな。負けている時でも応援の声は止まらなかったな。練習の時、選手のボール捌きがあまりにも上手で驚いたな、と。

そして、今までどうしてJリーグを観に行こうと思わなかったのかについて考えた。

海の向こうの試合は深夜まで起きて見るのに、一番身近なところで観戦できるプロサッカーリーグに行ってみようとは思わなかった。その理由は何だろうか。いや、行こうと思ったことはあるにはあるが、休日を丸々潰して、お金を払ってまで行く気がしなかったのだ。

Jリーグをテレビ観戦したことはあったのだが、やはりバルサやレアルの試合の方が面白いという結論になった。一方で、同じ日本人が主体のサッカーでも、日本代表戦には全く別次元の面白さがあった。日本を代表するチームであるため、応援する理由も簡単に見つけることができた。しかし、Jリーグのチームには応援する理由がなかったのだ。これがスタジアムに行かなかった理由なのだと気付いた。

10日間の執筆期間を経て、何とかブログ記事をまとめた。ブログ記事というのは長くても2000字ほどにまとめるのが定石なのだが、この記事は9000字の長文になってしまった。こんな長文だと誰も読まないのではないかと思いつつも『Jリーグを初観戦した結果、思わぬことになった』というタイトルをつけてリリースした。

ようやく書き上げた心地良さと共に、更新情報をTwitterに掲載してしばらく席を離れた。少しして席に戻ると、ブログが表示されなくなっていることに気付いた。アクセスが殺到していて、サーバーの反応が遅くなっていたらしい。どうしたのだろうか。そんな時、大学院の後輩からメールが来た。後輩氏は、日本代表の応援のために世界中を駆け回るという奇特な人間で、サッカー界の有名人に詳しかった。

「記事読みましたよ!! アシシさんのツイッターで取りあげられましたね！ おめでとうございます。UGさんにも取りあげられてますね！」

「アシシさん？ UGさん？ 誰のこと？」

何を言われているのか最初はわからなかったのだが、どうやらこういうことらしい。

ぼくが書いたブログ記事が、サッカー関係の有名人に取りあげてもらい、一気に拡散しているらしいのだ。

後輩氏は、ぼくが下手くそながらサッカーが好きなことと、大学院を辞めてライター業で悪戦苦闘していることをよく知っていたので、ブログ記事が注目を集めたことへのお祝いのメールを送ってくれたのだ。

まず、2万人以上のフォロワーを持つ村上アシシ氏にTwitterで取りあげられた後、UGさんが運営する「Football station」に掲載された。その後、サッカーブログのネタになったり、数多くの人にRTされたりしているうちに、記事はどこまでも広がっていって制御不能になった。

サーバーが不調だったせいで正確な統計は取れなかったのだが、2日間で最低でも10万のアクセスがあった。それまで1記事につき100～200件くらいのアクセスしかなかったのに、突然何桁も増えてしまった。意味がわからなかった。

ブログにコメントをもらったり、Ｔｗｉｔｔｅｒでリアクションをもらったりすると携帯電話に通知が来る設定にしていたのだが、その音がずっと鳴り続けていた。

「ピコーン、ピコーン……ピコピコピコピコーン、ピコーン、ピコピコピコーン」

次々と書き込まれるコメントの数々を、呆然としながら読み続けていた。翌日も反響は止まらなかった。正直言って、たくさんの反響があることは愉快なこととは言えない。大抵はネガティブな意見が並ぶものだし、事象に対する批判ではなく、筆者の人格に対する批判ばかりが並ぶ。気にしなければいいのだが、心のどこかで気になってしまうものなのだ。ポジティブな意見ばかりが並ぶことは、ネット上ではまずありえないことだ。

しかし、どうも様子がおかしい。ネガティブなコメントが全然ないのだ。

コメント欄、ＴｗｉｔｔｅｒやＦａｃｅｂｏｏｋなどを通じて2000件以上のリアクションを読んだ。もちろん、見逃したものもあるはずだが、ぼくの読んだ限りではネガティブな意見は見つけられなかった。「Ｊリーグが雇ったライターのステルスマーケティングに違いない」という主張はいくつかあったが、そのぐらいだった。

インターネット社会においては奇跡だと言っていい。多くの人がＪリーグについて書いたことを、心から感謝してくれていた。

ぼくが感じたことは、みんなが感じていたけどうまく表現できなかったことだったらしい。「Ｊリーグの良い部分を書いてくれて本当にありがとう」という主旨のコメントが数多く寄せられていた。

正直言ってこの時の経験は、スタジアムでの観戦そのものよりも強烈だった。2000人以上の人に褒められ、感謝されるという経験は通常ではありえないことだ。それだけではない。次はうちのチームを見て欲しいというお誘いがサポーター達からたくさん寄せられた。この騒ぎは一体何なのだ。様々な疑問が出てきた。どうしてこんなに注目を浴びたのか。どうして感謝されるのだろうか。考えてみた結果、1つの結論に至った。

「Jリーグファンは寂しかったし、悲しかったのではないか」

Jリーグは不当に過小評価されてきた。サッカー好きの友人を観戦に誘ってみると、「海外サッカーに比べてレベルが低いから行かない」などという心無い断り方をされることもある。テレビでは取りあげられることも少なく、たまにニュースになったと思えば、サポーターが起こした事件のことだ。

正直言ってぼくも、サポーターというのは近寄りがたい不気味な人達だというイメージしか持っていなかった。しかし、この件を通じて考えが変わった。Jリーグは、こんなにも深く愛されているリーグだったのだ。Jリーグのことがもっと知りたくなった。

2回目の観戦に味の素スタジアムに行ってみると、ブログ記事を書くためには十分過ぎるほどの濃厚な経験ができた。しかし、それを文章にするのは簡単ではなかった。前の記事とは違って、とんでもない数の人に注目されているのだ。プレッシャーで冷や汗が出た。

とはいえ、注目を集めるのは物書きとしては本望だと思わねばならない。なるだけ多くの人に読んでもらえた方がいいに決まっている。
文章と格闘している間も、インターネット上にサポーターの方々が次々と現れて、ぼくに言葉を投げかけていった。この人達は何者なんだろうか。なぜ、ぼくに対して親しみを持っているのだ。よくわからず怖さすら感じた。しかし、その裏にある寂しさや悲しさが、ぼくの文章によって幾分かでも晴れるのであれば、何とか良い文章が書きたいと思った。

しかし、プレッシャーでうまく書き進められなくなって、友達を呼んで「緊急たこ焼きパーティー」をしたり、妻に「どうどう（落ち着けよ）」となだめてもらったりしながらも、前後編合わせて15000字を超える文章を仕上げた。当初書こうと思っていたものとは違うものになってしまったが、ともかく出来上がった。こちらも前後編合わせて6万件のアクセスがあった。

続いて、鹿島アントラーズの試合を観に行った。こっちは気楽に楽しんで、気軽に書こうと思った。と思ったら、鹿島アントラーズのチャントは、Jリーグでも随一の個性を持っていて、それが気になって気になって仕方がなくなってしまった。結局、次の試合を観に行く直前まで、原稿と格闘することになった。表現したい内容が感覚的で、文章化する難度が非常に高かった。

そして、浦和レッズのゴール裏についての記事を書いた。

この文章を書くためにも10日間を要した。この記事は大炎上しても仕方がないと思っていた。浦和レッズについて外部の人間が書くことはタブーではないかとも思ったのだ。それでも、「書いて欲しい」という依頼を受けたものだし、チケット一枚分の報酬も受け取っていた。ぼくは「プロの物書き」として「媚びない文章」という依頼通りのものを仕上げた。

良いことも悪いことも含めて、目に見えることをそのまま書いたつもりだ。その結果、この文章に対してネガティブな反応をした浦和レッズのサポーターはいなかった。「浦和レッズのために、一緒に泣いてくれてありがとう」とコメントしてもらえたことが強く印象に残った。

Jリーグのサポーター達は、自分達に対する理解のなさにずっと苦しんできたのだろう。スタジアムに一度来てくれたらわかるのに、みんな来てくれない。それどころか、切り取られたネガティブな情報だけ見て、悪いイメージを募らせているのだ。もちろん、悪い部分だってあるのだろうが、良い部分だってちゃんとあるのだ。ぼくは、スタジアムに行って、サポーター達のいる席に座った。そうすることで、「透明人間」になっていたサポーターの息づかいが聞こえてきた。ぼくはそのスケッチを続けていった。

サポーターは、選手達のことを「うちの子」と言うことがある。強い愛情を込めて、可愛がっているのだ。結果が出ない時は苦しみを分かち合い、怪我をしてしまった時はもだえるように悲しみ、活躍した時には誇らしさで胸が一杯になる。

もちろん、集団の中で、虎の威を借りた狐ごとき心境になり、力を誇示しようとして暴走する人間がいるかもしれない。しかし、そういう人はサポーターではない。クラブを支えようという気持ちがなく、社会的に認められない行動をする者は、ただの暴徒である。愛する我が子の足を引っ張るのはサポーターがすることではないのだ。

一連のJリーグ観戦記を書いたことによって、ぼくの人生に様々な人が登場してきた。各チームのサポーターやサッカー関係のジャーナリストの方々などだ。

そんな中で、宇都宮徹壱さんが主催するメールマガジン「徹マガ」にインタビューが掲載された（通巻173号　僕がJリーグについて書こうと思った理由　中村慎太郎インタビュー）。自分が取材される側になるとは思わなかった。この一件を機に肩書きを「ライター」から「作家」に変えた。「中村さんは一年後には、きっと本の書き手になっていると思います」と言ってもらえたことが、強い自信になった。

「次は何をするのだろうか」と、ぼくの行動や発言は注目されていた。しかし、精神的にも体力的にも限界だった。

無理をしては良いものは書けない。ブログ記事はあまり書かない方針にした。ブログの更新なんか放っておいて、Jリーグ観戦を楽しむことにした。

ここからは強いて言うならFC東京が好きだけど自分はサポーターではないというような曖昧な立ち位置で、Jリーグを眺めていくことになった。どこのチームのサポーターだと宣言してしまうとそのチームに忠誠を誓わなければいけなくなってしまうような気がするし、後で応援するチームを変えようものなら「裏切り者」と一斉に非難されるかもしれない。そういうのは面倒だ。サポーターとしてではなく、何となくゆるくJリーグを楽しめたらそれでいい。

そもそもぼくはサポーターになるほど気の長い真面目な人間ではない。気まぐれで、どっちつかずで、曖昧で、適当な人間なのだ。

第6節

FC東京vsセレッソ大阪@味の素スタジアム

FC東京、ゴール裏への招待状

味の素スタジアムへ行くことになった。ブログを読んでくれたFC東京サポーターの方から「招待券」を頂いたのだ。

FC東京にはソシオという制度がある。ソシオとはスペイン語で「仲間」という意味合いらしいのだが、FC東京の場合はホームゲームの通年チケットを持っている人のことを指す。この日は、FC東京のファンを増やすことを目的として、友人・知人を招くための無料招待券がソシオに配布されていて、その一枚がぼくの手元にやってきたのだ。

FC東京を観戦するのはこれで3回目だ。だいぶ選手の名前を覚えてきた。この日は、ゴール裏の中心地に招待してもらっていたこともあって、青赤のグッズを購入することにした。

サポーターの中心地に行く場合には「私服」だけでは少し心許ない。浦和レッズの時には赤い服を着ていけば良かったが、青赤の服なんて持っているわけがない。グッズには色々なものがあるようだが、主要なものはタオルマフラーとユニフォームの2つだ。ぼくもこの2つを購入することにした。

タオルマフラーは、いくつかのデザインから選べばいい。問題はユニフォームだ。ある程度値段が高いので、誰の名前が入ったユニフォームを買うのかを考えないといけない。名前が入っていないものもあるようだが、それでは気分が出ない。

この時点でユニフォームが欲しいと思えたのは、米本、高橋、徳永、ルーカス、太田、石川だった。どれを買うか決めきれなかったので、自分がプレイヤーとして今後サッカーをしていく上で、目標となる選手のユニフォームを選ぶという基準を立てた。

まず、ルーカスは好きな選手だが、能力が高い外国人選手なので直接の目標にはならない。ああいうのはやろうと思ってもできるものではないのだ。情報を見ている限りでは、スピードスター石川直宏《なおひろ》は好みの選手のようだが、まだ動いているところを見たことがないので購入には至らなかった。徳永も好きな選手だった。やべっちFCのお正月特番フットサルに出演していて、その時に遅刻してきた大津祐樹《ゆうき》（VVVフェンロー所属）と絡んでいたのが面白かったのだ。当時はJリーグにはあまり興味がなかったのだが、やべっちFCで笑いを取った選手のことは覚えていた。さて、徳永のユニフォームだが、いざ手に持って選んでみるとちょっと地味かと思い直してやめてしまった（徳さんごめんなさい）。

ぼくは、インテリジェンスの高さと泥臭い努力で勝負する選手を選びたかった。そう考えると米本が1番の候補になった。米本のスライディングは本当に格好良かったのだ。「よし、米本にしよう！」と決めて探し回った。しかし、背番号7番のユニフォームは何故かSサイズしかなかった。身長175センチの自分には小さすぎる。どうしてもサイズが見つからないので残念ながら米本は諦めることにした。

Lサイズがあるものを探してみると、平山のユニフォームはあった。これを買おうかと一瞬考えたが、へディングが苦手な自分にはどう考えても平山の真似はできない。買うわけにはいかなかった。結局、消去法で高橋秀人《ひでと》のユニフォームに決めた。消去法といっても日本代表選手であり、前から知っていた選手だ。ちょっと上品なイメージがあって、そこが引っかかっていたのだが、いつまでも悩んでいても仕方がないのでここらで決めることにした。ぼくは高橋秀人で行こう。プレイスタイルはよく知らないが。

というわけで、しばし悩んだが無事買い物を済ませ、座席へと向かった。この日の席はゴール裏の「中心地」だった。そこは最も熱心に応援したい人が集まる位置で、ときに「爆心地」とも呼ばれるが、あまりイメージの良い言葉ではないので、ぼくは「中心地」と呼んでいる。

応援のリズムを作る太鼓が近くにあって、FC東京の場合には、座席の前方から後方へと伸びていく長い帯が出ていた（この帯は「タスキ」と呼ばれることを後で知った）。帯の色は当然、赤と青の2色である。「青赤」は、日常的に身につける色ではないこともあっていまいち馴染みがなかったのだが、「青赤」が集まっている場所にいってみるとだいぶ印象が変わった。

座席に張り巡らされた帯は「青赤」、最前列で振り回されている旗も「青赤」、みんなの着ている服も「青赤」だ。そして、ぼくが身につけているユニフォームも「青赤」で、首に巻いているマフラーも「青赤」だった。その上、この日は青と赤の風船が一つずつ配布されていたので、あたり一面「青赤」で満たされていた。

何だか運動会みたいな光景だった。「青赤」で満たされた世界は、非日常的な光景といえるかもしれない。

座席に着いて、招待してくれたFC東京サポーターのお二人に挨拶をした。クラブのことを色々と教えてもらいつつも、ユニフォームに着替えた。そして、選手紹介の時を迎えた。そして、サポーター達は青赤のマフラーを目の前に掲げ、大声で歌い始めた。

「You'll never walk alone」、通称ゆるねばの時間だ。

この日はぼくも参加することができた。「青赤」のユニフォームを着て、「青赤」のマフラーを掲げたのだ。

これまでは、ゆるねばを歌うサポーターを少し離れた位置から見ていたのだが、今度は中心地で、しかも自分も歌に参加した。最初は少しソワソワしていたのだが、この曲を歌っているうちに違和感がなくなっていった。この気持ちを何に喩えていいものかわからない。その瞬間、世界はすべて「ゆるねば」と「青赤」で満たされたのだ。細かいことはどうでもいいや。とにかく、この場を楽しもうと思った。

この時はまだ「ゆるねば」の歌詞を覚えていなかったのだが、正面の電光掲示板に表示されるため歌うことができた。

野鳥が好きな自分としてはヒバリ（Ｌａｒｋ）が出てくるのが嬉しかった。ゆるねばを歌ってしばらく経つと、試合が始まった。中心地でチャントを歌うのはこれが初めてだったので、その点では不安があった。上手く歌わないと怒られるかもしれない。と思っていると、知らないチャントが始まった。言葉が多くなかなか難しいチャントだった。しかし、チャントというのは何度も同じフレーズを繰り返すので、聴いているうちに歌えるようになった。

オオ　俺の東京　今日も行こうぜ勝利目指し
行け行けよ　東京　いつも俺らがついてるぜ
誰が何と言おうと　周りは気にするな
自分を信じていれば　勝利はついてくる

なかなか良い歌詞ではないか。泥臭く力強いメッセージが込められた曲だ。歌っているうちにエネルギーが体の芯から湧き上がってきた。

中心地ではみんな大きな声を出し、飛び跳ね、手を振り上げていた。しかし、ぼくには、まだ「照れ」があった。そもそも音楽のライブに行っても後ろの方で腕組みをして見ているタイプなのだ。周囲に比べるとノリが悪かったのは否めない。自分なりには頑張ったが、周囲のサポーターとはだいぶ熱意の差があったことであろう。何せここは「中心地」なのだ。

試合の行方はというと、前半はFC東京にとって実に苦しい展開だった。いや、これ以上ないほど酷い展開だったと言っても言い過ぎではないだろう。

まず、セレッソ大阪の選手に削られ続け、FC東京の選手がピッチに倒れ込む場面が多かった。最もゴール裏からはそう見えたというだけで、本当に削られていたかどうかはわからない。しかし、FC東京の選手が倒れ込んで痛がっているシーンが多かった印象がある。ある時、セレッソ大阪の若きエース柿谷曜一朗《ようい ちろう》が米本と接触した。その結果、米本はうずくまり立てなくなってしまった。担架が呼ばれ、米本はピッチ外に運ばれていってしまった。

米本拓司《たくじ》という選手は、FC東京にとっては特別な選手の1人らしい。新人であった2009年に、日本代表選手の今野泰幸《やすゆき》からボランチのポジションを奪い、ナビスコカップ決勝の大舞台で先制点を取って、MVPに輝いた。FC東京だけではなく、日本を背負って立つ人材とも考えられていたようだ。

しかしながら、ヒザの靭帯を損傷する大怪我を2年連続で負ってしまったことで、涙をのんできたと聞いている。才能はトップクラスなのに怪我に泣かされてきた選手なのだ。だからFC東京サポーターにとって、米本を削る選手は「悪」だ。この世の「絶対悪」なのだ。担架でうずくまる米本を見守るゴール裏からは悲痛な声が漏れていた。

「ヨーーーネーーーー‼」

周囲の人が、涙声で叫んでいた。ゴール裏は異様な雰囲気になった。一時はどうなることかと思ったが、幸い応急処置を経て米本はピッチに戻ってきた。サポーター達は「米本！　米本！　米本！　米本！」というコールで鼓舞していたが、やはりすぐには回復しなかったのだろう。守備の要である米本の運動量が落ちたことが影響してしまったのか、前半はセレッソ大阪に押し込まれ続けた。

まるでリプレイでも見ているのかのように何度も何度もセレッソ大阪の決定機が訪れた。そして、ついにはゴール前の混戦から南野拓実《みなみのたくみ》にシュートを決められてしまった。全く救いのない展開だ。これではとてもじゃないが、勝てそうにない。チームの出来が違いすぎる。と、思っているうちにハーフタイムを迎えた。誘ってくれたFC東京サポーターは15分間無言で座っていた。ぼくも無言のまま座っている。

後半に入ると、意外なことにFC東京は随分と持ち直し、優勢になっていた。一体何がどうなったのか。よくわからないうちにFC東京が反撃に出ていて、怒濤の勢いでゴールを脅かし続けていた。いや、それは正確な表現ではない。ゴールに近い位置で華麗にボールを回し続けたというべきだ。近くまでは行くのだが、シュートまで行けないのだ。

誰もシュートを撃つ気がないというと言い過ぎになってしまうかもしれないが、そう見えるくらいシュートまで辿り着かなかった。ディフェンスに阻まれているせいだろうとは思うのだが、スタンドから観ているとフラストレーションが溜まるものだ。

「シュートうて！　シュートうて！」

こんなコールが湧き上がってきた。一緒に観戦していたFC東京サポーターによると、このチャントが出た後にようやくチャンスが生まれるのが最近のFC東京らしい。

70分、誰もシュートにいけないという状況が突然終わった。長谷川アーリアジャスールのミドルシュートがゴールに突き刺さったのだ。それは、混沌たる闇の中に差し込んだ一筋の光のようなものだった。少し間を置いて得点を決めたアーリアのチャントが始まった。

はーせがわ　アーリアジャスール　ジャスール　ジャスール
はーせがわ　アーリアジャスール　ラララーラーラララー

以前、試合後に行った西新宿の居酒屋で、みんなで歌ったチャントだ。

元ネタは荻野目洋子の「恋してカリビアン」という曲らしい。この瞬間、スタジアム中が熱狂に包まれた。特に、中心地はどこよりも熱い場所になった。これまで重苦しい展開の中でも、全力で声を出して応援してきたのだ。応援した分だけ、報われた瞬間は嬉しいものだ。ボロボロだった前半戦を越え、米本の負傷も乗り越え、優勢なのに攻めきれないフラストレーションも越えてきた。だから、あの瞬間は本当に嬉しかった。

しかしながら、勝負というのは残酷なものだ。その17分後にセレッソ大阪のキーパー、キム・ジンヒョンが大きくボールを蹴り出した。そこに柿谷が走り込み、あっけなくゴールを決めてしまった。これが決勝点となり、1―2でセレッソ大阪の勝利となった。せっかくの「招待デー」に味の素スタジアムを満員にしたのに、FC東京ファンを増やすどころか、セレッソ大阪ファンを増やすことに貢献してしまう結果になった。

聞いてみると、ＦＣ東京というのはそういうチームらしい。ホームの大一番はあまり勝てないのだ。一方で、アウェーで強豪相手の番狂わせを起こすことは結構な頻度であるらしい。変なチームだ。

この試合の収穫は、高橋秀人のユニフォームだ。ユニフォームを着込んでいるとその選手を追ってしまうもので、じっくりと動きをチェックしていると、非常に良い選手だとわかった。

前線へ走り込んで攻撃に絡んだと思うと、一目散にディフェンスに戻っては、激しいタックルを繰り出していた。一度ボールを持つと、気の利いた縦パスを出して、それができない時は、堅実に横パスを繋いでいた。いいじゃないか。

もう1人、黄色いシューズを履いた選手も識別できるようになった。センターバックの森重だ。ぼくはセンターバックの動きを評価できるほどサッカーをよくわかっていないのだが、森重が時折蹴り出した縦パスにはセンスを感じた。何よりシューズが黄色いので遠くからでも識別しやすかった。森重のユニフォームを買っても良かったかな。

さて、ＦＣ東京にとって最悪の試合を終えて、サポーターはみんなご機嫌斜めだった。スタジアムから出て行く人達の表情も少し重い。負け試合というのはこういうものなのかもしれない。

席を立ちコンコースを進んでいくと、隣を歩いている人に見覚えがあることに気付いた。そうだこの人は試合中に「トウキョー!!」とコールをしていた人だ。目の前にいたので覚えていた。きっとこの人が、コールリーダーの植田朝日《あさひ》さんなのだろう。試合中こそエネルギッシュに応援していたのだが、帰り道は空気の抜けた風船みたいになっていた。しかし、この日のしょんぼりと歩いている朝日さんを目撃したことで、ぼくにとっては憎めない人になった。

負け試合の不穏な空気を引きずったまま、その飲み会へと突入した。

場所は飛田給の居酒屋だ。集いには、FC東京のサポーターが多かったが、それ以外のサポーターも参加していた。セレッソ大阪はもちろん、鹿島アントラーズ、ガンバ大阪、ベガルタ仙台、ジュビロ磐田などのサポーターがいた。彼らもなぜかこの試合を見ていたらしい。殆ど知り合いがいない飲み会だったが、人見知りの癖にそういう場に行くのは苦手ではなかった。黙ってビールを飲んでいれば何とかなるものなのだ。

そうやってビールを飲んでいると、妙に怒っている女性のFC東京サポーターがいることに気付いた。

「大体、権田《ごんだ》はいつもそうなのよ!! 不用意に前へ出て!!」

声がとても大きいので遠くからでもよく聞こえた。敗因を探そうと思えば他にいくつか挙げられそうであったが、彼女はゴールキーパーの権田修一《しゅういち》にだけ厳しい評価をしているようだった。気になったので後で詳しく話を聞いてみた。すると、彼女はセカンドゴールキーパーである塩田仁史《しおたひとし》の熱烈なファンだという。

「塩田ってどういう選手なの?」

と聞いてみたところ、その後30分以上にわたる詳細なレクチャーを受けることになった。

まとめると、実力は高いのにセカンドキーパーに甘んじているが、東京愛が非常に強いため他のチームへは出て行かない選手だそうだ。1年だけスタメンに選ばれていたのだが、病気を患ってしまう不幸があった。

そしてもっと不幸なことにそのタイミングで年代別の日本代表に選出されてきた権田が加入したため、回復した後もレギュラーに返り咲くことができずにいた。塩田は、FC東京というチームを心から愛していて、サポーターに対して真摯に振る舞う選手であるため、サポーターからは強く信頼されているということだった。

サポーターというのは想像以上にややこしいもののようだ。チームの勝敗も大切なのだが、自分が贔屓にしている選手が活躍するかどうかも同じくらい大切なのだ。

この時話した彼女のように出場機会が限られるセカンドゴールキーパーのファンである場合には、さらにややこしいことになる。でも、この複雑さ、多様性が面白く感じられた。ＦＣ東京サポーターと一口にいっても、応援している選手が違うこともある。それぞれ応援歴も違うし、サッカーに対する理解も知識も違う。生まれも育ちも年齢も異なっている。それは実に東京らしい。東京という土地は、まとまりのないところだ。地方から上京してきた人も多いし、同じ東京内でも東西南北で全く文化が違う。

ぼくでいうと「江戸川」「江東」あたりはホームだと思っているが、「大田」とか「世田谷」なんかは全く馴染みない。友達も殆どいないし、どんな電車が走っているかも把握していない。ホームタウンは東京などと言われたところで、そこに統一的なイメージを見つけるのは難しい。様々な価値観、様々なバックグラウンドを持つ人が混在している巨大都市、それが東京なのだ。

飲み会にいたのはどこかしらのチームのサポーターが殆どだったが、中には特定のチームを応援していない人もいた。日本代表戦があると世界中に遠征する人もいた。

その中に、サポーターはしていないが全国各地のスタジアムに観戦に行っているという女性がいた。聞くと年間約１００試合を観戦しているとのことだった。その方に、翌週の観戦予定を尋ねられたので、次の土日は奈良県にある友達の家に行くことになっていると告げた。すると、「だったら奈良クラブにいったら？面白いチームだよ」と勧めてくれた。

聞いたことがない名前だった。どうやら、Ｊ１、Ｊ２、ＪＦＬのさらに下にある地域リーグのチームのようだった。お洒落なユニフォームやユニークな盛り上げ方で最近話題になっているチームらしい。日本のサッカー観戦文化は深く、アマチュアが主体のチームにも及ぶようだ。少し興味は湧いたが、今回は奈良在住の友人家族と一緒にガンバ大阪戦を見に行くことにしていた。しかし、遠藤保仁《やすひと》と今野泰幸は日本代表に招集されて不在だった。好きな選手である宇佐美はいるものの、見所が少なくて残念だと言った。すると、彼女はこう言った。

「フタガワを見に行けば？　それで十分楽しめると思うよ」

フタガワは、二川と書くらしい。初めて聞く名前だが、大阪では宇佐美と二川のプレイを楽しんでこよう。

ひどい負け試合。でも、スタジアムには空がある

第7節

ガンバ大阪vsモンテディオ山形@万博記念競技場

宇佐美貴史劇場　助演二川孝広

さあ、家族で奈良旅行だ。目的地は生駒の友人宅だった。元々は、ぼくたち夫婦と一緒に同じチームでバスケットボールをしていたのだが、何年か前に帰郷して結婚し、今は1児のママをしている。ちょっと前までは、バスケをした後、朝まで語り合っていた仲間だったのだが、今では育児について話し合う仲になっていた。

旦那さんは元々プロ志望のサッカー選手だったこともあり、今回遊びに行くついでにガンバ大阪を観に行かないかと提案したところ、二つ返事で承諾してもらった。ぼくら一行は、2人の子供を抱えて、万博記念競技場へと向かった。

ガンバ大阪といえばJ1の優勝を含む4つの国内タイトルを取っている強豪クラブであり、アジアのクラブチーム№1を決めるACL(アジアチャンピオンズリーグ)での優勝も経験している。ACLのタイトルを持っているのは、Jリーグではガンバ大阪と浦和レッズのみである。ACLを勝ち抜いた後、世界一のクラブを決めるクラブワールドカップに出場し、マンチェスターユナイテッドと激しい点の取り合いをしたという「伝説」も聞いている。

そのガンバ大阪が、日本代表選手である遠藤保仁と今野泰幸を擁していながら、2012年のJ1リーグで17位となり、J2へと降格してしまったのだ（18チーム中16〜18位が降格）。当時ぼくはJリーグにはあまり関心を持っていなかったが、このニュースだけは追いかけた。

ガンバ大阪の関係者にとってはたまったものではなかっただろうが、外野からしてみると強豪チームの降格は興味深いニュースなのだ。分析記事を読むと、監督交代がうまくいかなかったことや、守備が噛み合わず失点が止められなかったことなどが原因に挙げられていた。

ガンバ大阪がJ2を戦った2013年は「ガンバノミクス」と呼ばれる現象が起きた。J2の観客動員数が増えたのだ。これは、ガンバに所属する日本代表選手が見たくて、J2の試合に観客が殺到したためであった。

大きな注目を浴び、必勝を義務づけられた状態でガンバ大阪は戦い抜いてきた。しかし、J2は決して低レベルなリーグではない。苦しい戦いを続ける中で、宇佐美貴史がガンバ大阪に帰還した。宇佐美はブンデスリーグ（ドイツ）に挑戦していたのだが、攻撃力を高く評価されながらも出場機会を掴めずにいた。7月に帰国し、ガンバ大阪に復帰した後、シーズン終了時には18試合で19ゴールという凄まじい成績を残すことになった。宇佐美は大好きな選手だった。高い技術があり、自分に自信があり、発言が強気でとても好感がもてた。

チケットは当日券を買うことにしていた。事前にインターネットなどで確保することも出来たようなのだが、その時点ではやり方がわからなかったのだ。

この日は消化試合だし、遠藤と今野がいないため混雑はしないだろうと考えていたのだ。ところが、大間違いだった。消化試合どころか、ガンバ大阪が勝利すればＪ２優勝が決定するという大事な試合だったのだ。

スタジアムの最寄駅、公園東口駅から人が押し寄せているのが見えた。これはまずい。ぼくらは作戦を練って効率的に動くことにした。男性陣はベビーカーと子供を抱えてチケットの確保に向かい、女性陣は美味Ｇ横丁に行って食料を調達することにした。

「美味Ｇ横丁」は、ガンバ大阪が誇るスタジアムグルメの露店街で、品揃えが豊富で評判が良いようだった。駅からスタジアムへの動線上にあるため人通りも多く、活気があった。友人は「お祭りみたいな雰囲気でえな」と言っていた。

ぼくはベビーカーを押しながら、横丁を通り抜けて当日券売り場に向かい、バックスタンド自由席のチケットを確保することが出来た。

ベビーカーを預かってもらえるという情報はあったのだが、管理がずさんな場合は盗まれるリスクもある。そのためぼくはスタジアムのベビーカー管理体制を注意深く観察した。どうやら、保管場所には入れないようになっていて、引換券を持って行くと係員が持ってきてくれるシステムになっているようだ。これなら安全だと判断した。

ベビーカーには色々と荷物が積んであるものだ。赤ちゃんグッズだけで大きなカバンがいっぱいになるし、他の荷物もある。その上、片手に子供を抱えた状態で、入り口では配布物をもらい、スタグルが入ったパックも抱えていた。それを見かねたのか、係員のお姉さんが荷物を持ってくれるなどして手伝ってくれた。おかげで何とか準備を整えることができた。

スタッフはベビーカーでの来場者に慣れているようだった。「親稼業」をしていると、子供連れに慣れているかどうかはすぐにわかる。親切な対応をしてもらえたのでほっと胸をなで下ろしてスタンドへと向かった。

ぼくらはバックスタンドの一番空いているエリアに席を選んだ。ガンバ大阪のゴール裏から一番遠いエリアだった。つまり、アウェーであるモンテディオ山形側の目の前だ。

山形のサポーターはどのくらい来ていたのかというと、100人程度だった。よく100人も集まったというべきなのだろうか、それとも100人しか来ていないというべきなのだろうか。山形のファンからすると、この試合はあまり楽しみなものではなかったのかもしれない。相手は強豪のガンバ大阪で、この日負ければ目の前で優勝を決められてしまうのだ。勝てる可能性は低く、勝っても得るものはない。そんな一戦だった。だからといって、応援を放棄するわけにはいかない。そういう覚悟を持った人が「100人もいた」と解釈してもいいいかもしれない。

ぼくらは座席について一息つくと、美味G横丁で仕入れたスタグルを食べた。

買ってきたのは、炙り豚バラ肉のどんぶりと、唐揚げ。ポカポカ陽気のスタジアムと唐揚げは妙に取り合わせが良かった。子連れなのでビールは飲まなかったが、ピクニック気分であった。

食べ終えてしばらくすると選手が入場してきて練習を始めた。しかし、この日はゆっくりと眺めることができなかった。試合が始まるまでは、子守の担当だったのだ。バックスタンドの最上部が広い通路になっていたので、そこまで子供を抱えていって這わせていた。この時は生後10ヶ月で、まだ立つことができなかったのだ。なるだけ試合前に体力を使わせておきたかった。適切な運動によってストレスを軽減させれば、試合中に泣き出してしまう恐怖も遠ざかる。

ガンバ大阪のゴール裏の方を見ると、非常に人口密度が高い立ち見席で、熱狂的なサポーターが多そうな雰囲気だった。何せ入り口には「此処から先は餓鬼になる」という横断幕が掲示されていたくらいだ。気軽には入れない雰囲気を感じた。

とはいえ、それにも理由がありそうだ。ゴール裏は狭く、傾斜も小さかったため、子供が来ても試合を観ることは難しそうだ。応援に参加する人がほとんどのようなので、初心者が来ると混乱してしまうだけなのかもしれない。

そして、ガンバ大阪のチャントは、難易度が高そうだった。チャントのバリエーションが豊富で、何語かわからないが聞き慣れない単語が多かった。ぼくが面白いと思ったのは「鬼のパンツの曲」だ。そのメロディに合わせて「ガンバ　ガンバ　フォルツァガンバエ」と歌いながら、サポーターたちが一斉に横にスライドしていくのだ。遠目に見ているとゴール裏が動いているように見えた。非常に目を引く応援だった。

山形ゴール裏の応援も人数こそ少なかったが立派なものだった。勇ましい太鼓の音が響き、ガンバ大阪の大歓声に対抗していた。ぼくたちが山形の応援席の近くに座っていたという事情もあるが、我が息子は妻の膝の上でずっと山形のゴール裏を見ていた。試合そのものよりも面白かったようで、太鼓の音に合わせて一生懸命に手を動かしてリズムを取っていた。10ヶ月の子供が反応することから考えると、チャントというものは心と身体に直接訴えてくるものなのかもしれない。

試合が始まると、「宇佐美劇場」が始まった。この日の宇佐美は文句のつけようがなかった。

このくらい超越していると、サッカーに詳しくない人が見ても、圧倒的な存在であることがすぐにわかるのではないだろうか。相手のディフェンス陣との能力差もあったのかもしれないが、ボールを持った宇佐美は常に脅威だった。1人では絶対に止められないし、2人いても止められる保障はない。妻も宇佐美の行方を興奮した様子で見つめていた。14分には、どうやったのかわからないが、最終ラインを1人で抜け出した。そして、見事なゴールを決めた。

すぐ目の前だったので、ゴールキーパーにコースを絞られながらも冷静にシュートコースを探しているのが見えた。ゴール前でボールを持った宇佐美は無敵だった。まるで少年漫画の主人公のようだ。後半にもゴール前で切り返して2人をかわし、シュートを決めた。

そして、宇佐美のいる前線に決定的なパスを供給し続けたのが二川で、まるでベテランの名脇役のようにプレイした。日本代表に選出されて不在だった遠藤なしではパスワークが滞るのではないかと思っていたが、二川がいれば全く問題がないようだった。山形も萬代宏樹が2得点を決めて反撃したが、結局3—2でガンバ大阪が勝利しＪ2優勝を決めた。

結果が決まると、「カンピオーネ、カンピオーネ」とガンバ大阪のサポーター達が大声で歌っていた。勝利の歌だろうか。一方で、山形のゴール裏はそそくさと撤収していた。「まぁそりゃそうだよね。わかってたよ」とでも呟いているようだった。

もちろん、聞いてみたわけではないからサポーター達の心情はわからないが、確かなことが1つだけある。来年以降も応援は続いていくのだ。何年も応援していく中にはこういう日もあることだろう。チームと共に勝利の味を噛みしめることができるのはサポーターの特権だ。しかし、それは共に苦い経験もしたことがあるからこそのものなのだろう。

試合中、友人一家の様子はどんな状況であったかというと、旦那さんは元サッカー選手らしく微動だにせずに試合を注視していた。同じ試合を観ていても、得られる情報がぼくよりもはるかに多いのだろう。玄人らしい観戦の仕方だと感じた。

2歳児に振り回されながら観ていた奥様は、「子どもが動き回って全然見てる余裕がなかった。たまに見てても魂抜けてたから何も覚えてないわ」と言っていた。そりゃそうだ。あれだけ元気に動かれるとサッカー観戦どころではなかっただろう。ヨーロッパのスタジアムでは、子供が走り回れるスペースがあって、そこに「放流」している間に試合を観戦できるところもあるらしい。JリーグでもFC東京など、託児サービスのあるクラブは多い。

日本のサッカーファンの中には、スタジアムがもっと荒れ狂った場所になって欲しいと思っている人もいるようだが、ぼくとしては安全な場所のままであって欲しい。

こうやって家族と一緒にサッカーを観戦しようと思えるような場所であって欲しい。もし、自分や家族の命が危険に晒されても、「自業自得だ。スタジアムなんかに行く方が悪い」などと言われるような状態になってしまったら、ぼくは行かなくなるだろう。

帰り道にガンバ大阪のゴール裏を通りかかると、「J2優勝記念の打ち上げパーティー　どなたでも歓迎」という張り紙がしてあった。こういうのはとても楽しそうだ。「誰でも歓迎」と書いてあったので、ふらっと冷やかしてみたいような気持ちになった。

しかし、今日は、料理自慢の友人が美味しい鍋をご馳走してくれることになっていたのだ。残念ながら行っている時間はない。帰りはスタジアムの目の前にある公園東口駅を使わずに、万博記念公園内を通り抜けた。紅葉がとても綺麗だった。岡本太郎作の巨大オブジェ「太陽の塔」があったので、何枚も写真を撮ってしまった。日が落ちてくると、目がキラリと光っていた。「おのぼりさんみたいやな」と友人にからかわれながら、オブジェの前で記念撮影をした。そうしてぼくらは、モノレールに乗り込み、奈良へと引き返していった。

微妙に大阪弁のチャント（上）と「美味G横丁」（中）。山形から駆けつけたサポーターの姿も（下）

日本代表戦@ヨーロッパ

世界のアフロと競り合うＦＣ東京の森重

11月、日本代表の欧州遠征があった。対戦相手はオランダとベルギーであった。オランダ代表は、２０１０年のワールドカップ南アフリカ大会で準優勝したチームであり、ＦＩＦＡランクは当時8位であった。ベルギー代表には、若いスター選手が揃っていてＦＩＦＡランクはオランダを上回る5位。世界を代表する強豪国との試合は、ワールドカップでの成果を占う重要なテストマッチだった。

これまでも日本代表の試合には注目してきたのだが、この2試合には今までと全く異なる感想を持った。というのも、ぼくの立場が「日本代表と海外サッカーのファン」から「Ｊリーグのファン」へと変わりつつある時だったからだ。

今回の遠征では、ＦＣ東京からは、センターバックの森重真人、ゴールキーパーの権田修一《ごんだしゅういち》、ミッドフィルダーの高橋秀人《ひでと》の3人が招集されていた。ぼくがユニフォームを買った高橋秀人は日本代表選手なのだ（残念ながら出場機会はなかったが……）。Ｊリーグからは他にも、柿谷曜一朗《よういちろう》（セレッソ大阪）、山口蛍《ほたる》（セレッソ大阪）、大迫勇也《おおさこゆうや》（鹿島アントラーズ）、伊野波雅彦《いのはまさひこ》（ジュビロ磐田）、西川周作《しゅうさく》（サンフレッチェ広島）が招集された。合計すると22人中8人がJリーガーだったことになる。そのうち6人はスタジアムで見たことがある選手だった。ぼくはテレビの向こうの日本代表選手と同じ時に同じ場所にいたのだ。親近感と応援したい気持ちが湧き上がってきた。「日本代表」とは言うけれど、今までは実感がないまま応援していたのかも知れない。

クラブチームにとって日本代表に選手が選ばれることは、良い面も悪い面もある。注目されることでPRになるし、選手としての成長も見込めるというメリットがある。一方で、主力が抜けた状態でナビスコカップや天皇杯などを戦い抜かなければならないという明確なデメリットもある。例えばFC東京の場合は、キーパー、センターバック、ボランチという主軸が抜けた状態で天皇杯を戦う羽目になっていた。

招集はされたものの試合への出場機会がなかったりすると「何のために呼んだんだ。使わないなら呼ぶな」と言いたくなるのがサポーターの心理らしい。とはいえ、無事に活躍すると「あの子はうちの子だからね!!」と誇らしい気持ちになるのもサポーターの心理のようだ。

もっとも、主軸が抜けるというデメリットは、普段ベンチスタートに甘んじている選手を厳しい実戦の中で鍛えられるという面もある。中長期的に考えると選手層の厚みをもたらす効果もあるようだ。かくいうFC東京の場合も、セカンドキーパーの塩田仁史《ひとし》が天皇杯で獅子奮迅の活躍をして、代表に選出された権田の地位を脅かすに至っていた。代表戦も、Jリーグも、選手達にとっては気を抜くことができない真剣勝負の場なのである。

【11月16日　オランダ代表戦】

この試合では、西川、今野、山口、大迫と4人のJリーガーが選ばれていた。山口蛍は守備的なボランチとしての活躍が認められたようで、この後日本代表に定着することになる。また、この試合で大活躍をしたのが大迫勇也だった。大柄なセンターバックが揃うオランダを相手に前線で巧みにボールを受けると左右にパスを捌いていった。その様子は闘牛士のように軽やかであった。そして、39分には、長谷部誠《まこと》からのパスを受けて大迫がシュートを流し込んだ。

「大迫が決めた!!」

あの大迫が決めたのだ。テレビの前で、鹿島サポーターが愛するあの歌を熱唱してしまった。

オオサコー　オオサコー　オッオッオオサコー
オオサコー　オオサコー　オッオッオオサコー

今までの代表戦では感じたことがない感慨があった。その瞬間カシマスタジアムで感じた熱気が蘇ってきたようだった。

後半も見せ場があった。遠藤、内田、岡崎、本田と流れるようなパスが周り、大迫がペナルティエリア内で受け、ダイレクトでボールを落とした。それを本田圭佑《けいすけ》が蹴り込んでゴールを決めた。大迫のパスはアシストになった。美しいゴールだった。試合は引き分けに終わったものの、大迫は1ゴール、1アシストと日本があげた2得点のいずれにも絡む大活躍だった。鹿島アントラーズの若きエースは、世界トップクラスの強豪にも通用していた。とても誇らしい気持ちになった。すぐ目の前でサッカーをしていた大迫が、世界の舞台で、強豪オランダ相手にゴールを決めたのだ。

後半28分にはもう1人のJリーガーが登場した。天才、柿谷曜一朗だ。

マンチェスターユナイテッドの香川真司《しんじ》に比肩する才能を持つと言われてきた選手なのだが、天才肌で使いづらい選手だったらしい。

繰り返し練習に遅刻する柿谷にさじを投げたセレッソ大阪は、J2の徳島ヴォルティスにレンタル移籍させた。柿谷は最初こそふてくされていたものの、徳島でのサポーターと交流したり、阿波踊りに参加して地域貢献をしたりしているうちにすっかり改心した。そして立派なサッカー選手になって、レンタル期間終了後にセレッソ大阪に帰ってきた。帰還後は、天才の名に恥じない活躍をし、ついに日本代表にも選出されるようになった。


その柿谷が、出場して間もなく香川の絶妙なスルーパスによってゴール前で完全にフリーになった。キーパーと1対1となり、簡単に決められる状況だった。しかし、柿谷はシュートを外してしまった。

柿谷の実力ならば簡単に決められたシュートだったであろう。試合後、悔しくて悔しくて仕方がなかったらしい。それはそうだろう。ポジション争いのライバルの大迫が大活躍したのを尻目に、自分は情けないシュートミス。それも、普通にやれば決められた簡単なシュートだったのだ。

もしかしたら、この悔しさをバネに柿谷は飛躍的に成長していくのかもしれない。そうであって欲しい。試合後に「実力不足です」と語る柿谷をみて、ぼくは柿谷と共にワールドカップ行きたくなった。もっと大きな舞台でもう一度チャンスを与えてあげたい。だから、あと、半年間、本気でサッカーのことを考えてもっともっと成長して欲しいと思った。柿谷にはそう思わせる何かがあった。これがスター性というものなのかもしれない。

【11月19日　ベルギー代表戦】

ベルギー代表というのは、ヨーロッパで最も注目されているチームの1つで、アザール、ルカク、コンパニ、フェライニなどの若手のスター選手が揃っていた。この試合では大迫に変わって、柿谷がセンターフォワードとして出場した。柿谷としてはここで結果を残す必要があった。スターティングメンバーには、前回に続いて山口蛍が選ばれ、ＦＣ東京の森重も選ばれていた。

「森重がスタメンだ!!」

黄色いスパイクのセンターバックが日本代表としてベルギー代表と戦うのだ。複雑な心境になった。選出されて誇らしく思う気持ちと、世界の強豪相手にうまくできるのだろうかと心配になる気持ちが交互に訪れた。不安で見ていられないが、見ないわけにはいかないのだ。森重は、ロメロ・ルカクを抑えなければいけなかった。身長１９３センチで体重95キロ、この体格で足まで速く、２０１２―13シーズンにはプレミアリーグで年間17得点を取った選手だ。

試合が始まり、ルカクと森重が競っているのをみて、涙腺がゆるんだ。森重は世界の舞台でも負けていなかったのだ。そんなことを思っていたのだが、解説者の評価は違っていたらしい。

「森重は自分の前に色んな選手が入ってきて、ちょっと……困ってますね」

遠い異国の下で、森重は困っていたらしい。そして、後半からはフェライニが出てきた。当時、プレミアリーグのエヴァートンに所属していた選手で、身長１９４センチもあるアフロヘアーのボランチの選手だ。その最大の特徴は、長身を生かしたハイボールの競り合いとトレードマークのアフロだ。

エヴァートンの試合は何回か観たことがあったが、まさしく暴れ回っていた。見かけによらずと言ってしまってはいけないのだが、ボール捌きも巧みで、中盤を制圧していた。特にハイボールに対しては無敵だった。そして後半22分に、そのフェライニにハイボールが入った。しかし、森重が果敢に競り合ってボールをクリアした。

「森重がアフロに競り勝った!!」

これがぼくにとってのハイライトだった。この試合で、森重がザッケローニ監督からどう評価されたかはぼくにはわからない。「強さを示した」とか「勇気を持って縦パスを出した」という良い評価もあったし、「パスミスが多かった」という悪い評価もあった。戦術的なことは語れないが、少なくともアフロの超人にはハイボールの争いで競り勝ったのだ。ぼくにはそれで十分だった。

一方、柿谷はどうであっただろうか。前半37分、酒井宏樹《ひろき》の鋭いクロスをヘディングで押し込んだ。柿谷は177センチで日本人としてはそこそこ大きいが、ベルギーのセンターバックのファン・ブイテンは197センチもあるのだ。そこにいつも華麗なシュートを決めている柿谷が、身体ごと飛び込んで押し込んだのだ。気持ちが伝わってくるようだった。遠藤と本田のコンビネーションで追加点を取ると、3点目は再び柿谷の仕事だ。長谷部から入ったパスから華麗な浮き球のパスを出して、これを岡崎が決めた。柿谷は1ゴール、1アシストを記録し、オランダ戦での大迫が出した結果に並んだ。

Jリーグはレベルが低いなどと揶揄されることもあるが、Jリーガーは世界に通用していた。天才、柿谷。阿波踊りによって表舞台に帰ってきた男。そして、大迫。鹿島アントラーズサポーターが宝物のように可愛がっている若きエース。オランダ代表とベルギー代表という強豪相手に結果を残してみせたのだ。

一方で、大迫が大活躍をしたことを受けて、鹿島アントラーズのサポーターたちはさぞ大喜びしていることだろうと思ったのだが……逆に落ち込んでいる人もいたくらいだった。

「大舞台で活躍したのをみると、悲しい別れの予感もするんですよ」

世界的に評価される選手へと登り詰めると言うことは、海外のクラブに移籍してしまうことへと繋がるのだ。サポーターが、どれだけ大迫勇也という宝物を大事にしているのかは、一度でもカシマスタジアムにいけばわかることだ。大迫を讃える歌は、何度も何度も何度も歌われていたのだ。悲しい運命の日は刻一刻と迫っていた。

第9節

横浜F・マリノスvs ＡＣ長野パルセイロ＠日産スタジアム

起こせるかジャイアントキリング！

天皇杯に行くことになった。

天皇杯は非常に歴史のあるカップ戦で１９２１年に第一回大会が行われている。プロ、アマを問わず日本中のチームの中からトップを決めることを目的とした一発勝負のトーナメントだ。同じカップ戦のナビスコカップとの相違点は、Ｊ１だけではなく、様々なカテゴリーのチームが出場できることだ。

歴代の優勝チームをみてみると、大正や昭和時代には実業団や大学の運動部などが並んでいるものの、１９９３年にＪリーグが始まると、Ｊリーグチームがタイトルを独占することになった。大会は、９月頃から始まり決勝戦は元日に行われる。

ぼくが日産スタジアムに観戦に赴いたのは4回戦（ベスト16）の試合だ。この試合ではジャイアントキリングが起こる可能性があった。

ジャイアントキリングとは、巨人に喩えられた強豪チームを相手に、小さなチームが番狂わせを起こすことを指している。この場合の巨人に相当するのは横浜Ｆ・マリノスで、挑むのは長野パルセイロというチームであった。長野パルセイロは初めて聞くチームだった。

それもそのはずで、何とJFL所属のチームであった。JFLというのは、J1の下にあるJ2よりももう一つ下のカテゴリーだ。その長野パルセイロが、2回戦でJ1の名古屋グランパスを倒し、続いて3回戦ではJ2のギラヴァンツ北九州を倒してきていたのだ。すなわち、既に2回もジャイアントキリングを起こしてきているのだ。

一方、横浜F・マリノスはJ1で優勝争いを繰り広げているチームであったのだが、数週間前に大黒柱の中村俊輔が胆嚢炎で緊急入院していた。ようやく復調し、この日は出場できる見込みとの情報があったがコンディションは良好とは言えなそうだ。風は、長野に吹いていた。

日産スタジアムは、新幹線が止まる新横浜駅から歩いてすぐの位置にある。日韓ワールドカップの決勝戦が行われた場所でもあり、7万人以上を収容できる国内最大のスタジアムだ。収容人数が多いという長所があると同時に、陸上競技用のトラックが併設されておりピッチまでの距離があるため、サッカー専用スタジアムに比べると見づらいという短所があるそうだ。

この日は、平日開催だったこともあってかこの広いスタジアムに6,319人しか入っていなかった。まるで夜の小学校のように寂しかった。

人が多いエリアを少し離れると、ポツンと立っている警備スタッフ以外誰もいなかった。平日開催の試合には、あまり入場者が見込めないようだ。しかも、この日の観客は半分近くがJFLのチームである長野パルセイロの応援だった。日産スタジアムが、F・マリノスのホームスタジアムであることを考えるとかなり健闘していたのではないだろうか。というのもこの日は「義勇軍」が来ていたためだ。

長野パルセイロのゴール裏には、長野サポーターに混じってこの日は、「ＪＦＬ連合」なるものが「義勇軍」として長野の応援に駆けつけることになっていたのだ。

スタジアムに着き「ＪＦＬ連合」の盟主とされる人物に挨拶をすることになった。しかし、その時ぼくは笑いを堪えるのに必死だった。盟主は、ガンダムの初期シリーズに登場する「赤い彗星のシャア」のコスプレをしていたのだ。赤いマントをまとい、ギラリと光るサングラスを装着し、精巧に作られたシャアの仮面と兜を被っていた。よく出来たコスプレであったが、よく見ると赤いパンツは安っぽいジャージだった。何という怪しさだ。誰なんだ、この人は。

その名は「ロック総統」。かつては過激なパフォーマンスで一世風靡した「電撃ネットワーク」のメンバーであったらしい。その後、鹿島アントラーズのサポーター組織「インファイト」に入り、紆余曲折を経て、宮崎県を本拠地とするＪＦＬチーム「ホンダロック」のコールリーダーとなったという。以降、世間の注目が集まらない下部カテゴリーを盛り立て、日本にサッカー観戦文化を根付かせる活動をしている。

ロック総統と少し話すことができたのだが、「Ｊ１のチームやサポーターを変えようと思っても今更無理だ。だから、下のほうから良いサッカー文化を創っていき、塗り替えていく革命を目指している」と力強く語っていた。

ロック総統の思想では、「勝たないと意味がない」「Ｊ１に行かないと意味がない」「優勝できないと意味がない」という類いの考え方は正しくないのだそうだ。「目の前にあるサッカーを愛する」ことが、大切なのだという。

これはぼくが見てきたものと重なる部分があった。どの試合も、敗北が確実になっていてもサポーターは応援をやめなかった。勝てば嬉しいが、負けてしまっても愛情が消えるわけではないのだ。

大変面白い話を聞かせてもらったのだが、話している際に総統のサングラスがギラギラ光るのが面白くてついついにやけてしまった。あれを平常心で聞くのはなかなか難しい。機動戦士ガンダムの世界で、「シャア大佐の部下」になった人も、笑いを堪えるのに苦労したのかもしれない。

それはともかく、ぼくは長野の応援席に座っていたのだが、試合前から大盛り上がりでとても楽しかった。長野県からわざわざ出てきている人もいたのだろうが、関東に仕事で出てきている長野出身の人もいたのだろう。大声で「AC長野！　AC長野！」と声を張り上げ、両手をピンと伸ばしているスーツ姿の男性からは、地元に対する愛が感じられた。

といいつつも、ぼくの興味は横浜F・マリノスの中村俊輔《しゅんすけ》にも注がれていた。中村は別格の選手だと聞いているが、その凄さというものはぼくのような素人観戦者にでもわかるものなのだろうか。この日はベンチスタートのようだったが、展開次第では出場するかもしれない。

試合開始直前。長野サポーターは、チームグッズのタオルマフラーを掲げてゆったりした曲を歌い始めた。

オオオー　オオオオー　オオオー　オオオオー
走れ闘え　力の限り
オオオー　オオオオー　オオオー　オオオオー
勝利を掴み取ろう　長野パルセイロ

このフレーズを何度も繰り返し、途中からテンポが速くなって、マフラーをグルグルと回し始めた。FC東京の「ゆるねば」や鹿島アントラーズの「錨を上げろ」のように、こういった試合前の「儀式」的なチャントを聴くのはとても楽しい。

序盤は両チームとも何度かチャンスを作るも、決めきることができずにいた。しかし、30分、F・マリノスの佐藤優平《ゆうへい》がシュートを決めて、F・マリノスがリードした。F・マリノスは、日本代表クラスのセンターバックであるボンバー中澤と栗原勇蔵《ゆうぞう》が中央を固めるチームだ。1点を取り返すのは容易ではないだろう。しかし、その8分後のことだった。長野が直接フリーキックのチャンスを得ると、エースの宇野沢祐次《ゆうじ》が蹴り込んだ。

ボールがどう転がっていったのかは遠すぎてよくわからなかったのだが、シュートは決まったらしい。ゴール裏から見ていると、反対サイドのゴールはよく見えないのだ。ともかく、試合は1－1の同点のまま、後半へと突入していった。これは面白くなってきた。ジャイアントキリングへの期待が膨らむ。

ところが、ある程度拮抗していた前半と打って変わって、後半はF・マリノスが優勢になった。戦力はF・マリノスのほうが上だと考えられるので、ハーフタイムに対応策を練られてしまうと厳しいのかもしれない。長野はほとんど攻められなくなり、F・マリノスに押し込まれる展開となった。しかし、F・マリノスも決めきることができない。そんな膠着した展開の中、59分、ついにあの男がピッチに送り込まれた。中村俊輔だ。

そこからは、中村の動きだけを追っていた。最初は、上手さが理解できるのだろうかと不安に思っていたのだが、心配無用だった。「超越的」だったのだ。

中村はピッチ上のどこにでも現れた。左サイドで下がってボールを受けてパスを繋いだと思うと、右サイドの高い位置に現れて攻撃を組み立てた。俊輔は、決してボールを奪われなかった。俊輔に自由を与えるべきではないことくらい長野だって十分承知していたはずだ。しかし、どれだけプレッシャーをかけても華麗なテクニックを駆使して相手を寄せ付けない。そして、見ている者が思いも寄らない方向にパスを蹴り出した。そのボールは、ディフェンスが誰も触れない隙間を通り抜けていき、前線の味方へと繋がっていった。

俊輔の出場を機にF・マリノスが圧倒的に優勢になった。ぼくは中村の美しい個人技に魅せられていた。ボールタッチやパスセンスにも感心したが、圧巻だったのはやはりセットプレイだ。中村が蹴り出すと、ボールの軌道が明らかに普通と違っていた。弾丸のように回転したボールが、美しい弧を描いて飛んでいった。あのボールに誰かが頭で触ることができれば簡単にゴールすることができるはずだ。あの溜息が出るほど美しいフリーキックを見るだけでも、スタジアムに行く価値がある。

長野パルセイロは完全に劣勢に追いやられてしまった。足も止まってきたようだ。同じ時間を戦っていても、技術が低いチームの方が圧倒的に疲労しやすいものだ。F・マリノスが追加点を取るのは時間の問題に思えた。しかし、スコアは動かずに1—1のまま試合は延長に突入していった。長野からすると、よくぞ守り切ったというべき展開だろうが、状況はどう考えてもF・マリノスに有利だった。何故なら、長野の選手はみんなフラフラになっていたからだ。延長までの間、ピッチの外に横たわり、攣りそうになった足を伸ばしていた。一方で、F・マリノスのほうは立って水を飲みながらミーティングをしていた。どちらの選手が疲れていたのかは一目瞭然だった。

延長前半は、完全にF・マリノスのペースで、長野は1本もシュートを打つことができなかった。長野パルセイロの選手に出来ることは、何とか守り切ってPK戦に持ち込むことだけだろう。

ぼくがそう思った矢先に、F・マリノス藤田祥史《よしひと》のゴールが決まった。長野にとっては絶望的な失点となってしまった。残り時間は約20分、この劣勢の中で一点を取り返すことはほとんど不可能に近い。

ところが延長戦後半、長野パルセイロの猛反撃が始まった。さすがのF・マリノスの選手も疲れ始めていたのだろうか。いや、長野の選手のほうがもっと疲れていたはずだ。しかし、走りに走っていた。さっきまでは疲れて足が止まっていたはずではないか。

信じられないことが目の前で起こっていた。敗退の崖っぷちに立たされた長野が、まるで別のチームになったように勇敢に反撃し始めたのだ。必死の応援にも勢いづけられて、何度も何度もゴールに迫った。

アレ長野　見せつけろ　俺たちの力を
アレ長野　俺たちと　勝利をつかみ取れ
オオオオー　オオオオー　オオオオー　オオオオー

決定的なシュートチャンスを何度も作った。宇野沢が撃ったシュートは、あとちょっとで入りそうだったのだ。もう少しうまく狙うことができれば同点に追いついていたかもしれない。いや、狙わなかったのではなく狙えなかったのだろう。既に体力は尽きていたはずなのだ。それなのに走って走って走り抜いていた。

限界なんてとっくに超えていたのだろう。当初は「夜の小学校」のように閑散としているように思えたのだが、いつの間にかスタジアムが強い熱気を帯びていた。最初は遠くて見づらいと思っていたが、距離感にもだいぶ慣れてきて、ピッチの熱が伝わるようになってきた。

オーオーオーオー　オーオーオーオー
さあゆこうぜ　攻めあがれ長野

ぼくのそばにいた男性は、声が枯れてほとんど出なくなったいた。しかし、絞り出すようにこの曲を歌っていた。

もしかしたらこの男性を冷静に眺めたら、必死過ぎてみっともなく見えるのかもしれない。しかし、これほど熱く、恐らく故郷であろう「長野」の名前を叫び続ける男性は、ぼくにはとても格好良く見えた。

闘えパルセイロ
オオオ 勝利を信じて
見せてやれ 俺達の この熱き想いを

長野パルセイロは、延長戦後半にその強さを見せつけることはできた。しかし、ジャイアントキリングを起こすには至らなかった。

試合終了の笛が吹かれると、サポーターは愛するチームの勇姿に惜しげもない拍手を送っていた。戦いに敗れた選手達がゴール裏に立ち寄ると、マフラーを掲げて「AC長野！　AC長野！　AC長野！　AC長野！」という熱烈なコールを捧げた。

サポーターと選手は言葉こそ交わしていなかったが、気持ちが通じ合っていた。長野パルセイロはJFLのチームなのだ。それがここまで勝ち上がってきて、J1首位のF・マリノスとこれほどの熱戦を演じたのだ。

夜の小学校のように寂しいコンコース（上）、
しかし、“JFL連合”はアツかった

凄い試合だった。ＡＣ長野パルセイロの勇姿が、ぼくの心に刻まれた。

　これまでは、ＪリーグというとトップリーグのＪ１を観戦するのが一番楽しいのだろうと思っていた。何故なら、競技レベルがもっとも高いからだ。先日のガンバ大阪の試合は面白かったが、あのチームはＪ１クラスの戦力を持っているので例外だと捉えていた。

　しかし、サッカー観戦の熱気と競技レベルは比例しているとは限らない。すなわち、レベルが高くなればなるほど面白くなるというわけではないのだ。

　長野パルセイロのサポーターに、愛する自分のチームとレアル・マドリードの試合と比べてどちらが面白いかと聞いたら、どう答えるだろうか。いつでも見に行けて、すぐ目の前でサッカーをしていて、愛する「長野」の名前を背負っているチームの試合の方がずっと面白いと答えるのではないだろうか。それは間違いないことのように思う。

レアル・マドリードといえば、宿敵バルセロナとの試合が「クラシコ」と呼ばれて世界的な注目を浴びている。同じように長野パルセイロと松本山雅ＦＣの「信州ダービー」も「クラシコ」と呼ばれている。長野県にある長野市と松本市には歴史的に色々あったようで、そういった背景からこの2チームの試合は異様な盛り上がりを見せるらしい。松本山雅はＪ2のチームなので、直接対決はしばらくないようだが、いつか観戦してみたいものだ。

第10節

浦和レッズvs川崎フロンターレ＠埼玉スタジアム２００２

浦和レッズ　赤きスタンドの中心へ

今度は浦和レッズサポーターが怖いとは思わなかった。むしろ親しみを感じていた。

以前、国立競技場で行われたナビスコカップ決勝の際に、浦和レッズのゴール裏に行った。その際の体験をブログに綴ると、埼スタにも是非観に来て欲しいというコメントが殺到していた。今度は、浦和のホームスタジアム「埼玉スタジアム２００２」、通称「埼スタ」だ。サポーター達は自慢の我が子だけではなく、マイホームも自慢したいのだろう。

以前観戦して以来、ぼくは浦和レッズのことが好きになっていた。そうなると、雑誌やネット上の記事を熱心に読むようになるもので、所属している選手にも興味を持つようになっていた。最初の観戦の時はあまり意識しなかったが、槙野だけではなくて平川、原口、柏木、阿部も気になる選手になっていた。

そして、31節終了時点、つまりシーズン3試合を残した時点で、浦和レッズは優勝争いの最前線にいた。1位は横浜F・マリノスで勝ち点59。そこに、浦和レッズ(58)、サンフレッチェ広島(57)、鹿島アントラーズ(56)が続いていた。浦和レッズは勝ち点1の差で、2位につけていたのだ。ホームでの一戦に勝てば優勝へと大きく踏み出すことが出来る。対する川崎フロンターレも、勝ち点51で6位と優勝の可能性を残すチームだった。重要な試合だった。

埼スタに行くことは決めたのだが、混雑が予想される上に勝手がわからないスタジアムだったので、前回ナビスコカップを案内してくれた方に連絡をとってみた。すると、ゴール裏の中心地に招待してくれるとのことだった。指定席やアウェー側で観るという選択肢もあったのだが、そういう気分にはならなかった。ナビスコカップ決勝が不完全燃焼だったからだ。あの時、ぼくも応援に参加したのに、浦和レッズは敗退してしまった。

後になって思ったのだが、あれでは応援になっていなかったという後悔があった。チャントも正確に覚えていなかったし、気持ちも中途半端だった。ぼくの中途半端な応援が足を引っ張ってしまったのではないかという申し訳ない気持ちすらあった。もう一度ちゃんと応援したい。どうやらぼくは浦和レッズのサポーターのことも好きになっていたらしい。もしかしたら、過激な人や変な人もいるのかもしれないが、ぼくは全く出会わなかったのだ。

待ち合わせ時間の少し前に浦和美園駅に着くと「ようこそ埼玉スタジアム２００２」という看板が目に入った。そこには英語、フランス語、スペイン語、韓国語、中国語で「ようこそ」という文字が添えられていた。

駅にはいくつか売店が出ていた。せっかくゴール裏に行くのだから浦和レッズのユニフォームを買ってもいいかなと思ったのだが、１５０００円程度の高額なものしか売っていなかったため諦めた。もう一つ食べ物が売っている売店が出ていたのだが、こっちは全ての商品に駄洒落がついていた。例えば、「肉球パンケーキ」という謎の食品が売っていたのだが、その具として「残り3試合　気合い投入　豆乳クリーム」とか「(新)

大久保を喰う　豚キムチ」とか「風間に風穴を開ける　マカロニサラダ」などである。駄洒落の完成度については議論の余地があるが、個人的にはこういった開き直ったジョークは嫌いではない。しかし、買うには至らなかった。マカロニサラダや豚キムチが入ったパンケーキは果たして美味しいのだろうか……。案の定というべきなのだろうか。浦和美園駅に押し寄せるサポーター達の多くは立ち止まることなく通過していった。肉球パンケーキは次の機会にしよう。

駅から埼スタへの道のりは、歩行者専用の広い道になっていて、途中に露店もいくつか出ていてなかなか楽しい雰囲気だった。

左手には線路が見えていたが、少し歩くと林になり、ヒヨドリが何羽か遊んでいた。しばし歩くと埼玉スタジアムが見えてきた。「ALL COME TOGETHER」という横断幕の先には広場があり（南広場というそうだ）、その奥には美しいスタジアムが鎮座していた。白い屋根の曲線がとても優雅で、ぼくの好きなあるロボットの肩パーツのようであった。そんなことを考えながら、南広場に入っていった。

最初にするべきことは当日券を買うことだった。事前にネットでチケットを調べたところ、だいぶ余裕があったため、簡単に手に入ると踏んでいた。しかし、ネット上で販売していたゴール裏自由席のチケットは、当日券の販売窓口では売っていなかったのだ。2階席なら買うことが出来たのだが、ぼくが行く予定になっていたのはゴール裏の自由席だ。少し悩んだが、ネットでならまだ販売しているとのことだったので、スマートフォンを使って購入することにした。

小さな画面を操作するのは面倒ではあったが、15分ほどかけると何とかチケットを確保することが出来た。後は発券すれば良いのだが、発券機は浦和美園駅前のコンビニまで行く必要があった。仕方がないので走り始めたところ、一緒に観戦する予定になっていた浦和レッズサポーターに偶然遭遇した。おかげで、自転車で代わりに発券機まで行ってもらえることになった。ふう、何とか助かった。当日券に頼るのはもうやめよう。

スタジアムの南広場では「秋のスウィーツ祭り」が開催されていた。ぜんざい、かぼちゃのタルト、マロンケーキなどが並んでいた。ぼくは、かりんとう饅頭を購入することにした。皮がカリカリしていて美味しかった。チケット確保にバタバタとしてしまったが、キックオフまで30分を切ってようやく入場することが出来た。

埼スタの中に入ると、観客席には赤いユニフォームを着込んだ人が目に入った。しかし、ゴール裏には一度来たことがあるし、駅からスタジアムまでずっと赤い人達に囲まれていたので、何の違和感もなかった。前回、異様な空間だと感じた真っ赤なスタンドは、日常的なのどかな風景に思えた。

埼スタは6万人以上収容する巨大スタジアムなのだが、意外にコンパクトだと感じた。もちろん、寸法を測ってみたらコンパクトではないのかもしれないが、ピッチを中心に客席がすっきりとまとまっている印象を受けた。サッカー専用スタジアムであるためかもしれない。ぼくはコンコースを歩いて、北にあるホーム側の観客席へと向かっていった。雲一つない快晴であったため、とても気持ちが良かった。

前回はゴール裏の中心地は流石に怖いので、端っこのあたりに席を見つけてもらった。しかし、もう不安はなかった。ぼくは、ゴールネットの斜め後ろのあたりに行き、一緒に観戦するサポーター達に挨拶をした。15人くらいでいつも観戦しているグループとのことで、全国各地に浦和レッズの応援をしに行っているうちに自然と仲間が増えたそうだ。ナビスコカップ決勝の記事を読んでくれた人も多かった。

「記事はすごく良かったよ。唯一、浦和サポーターになるって言ってくれなかったのが残念だったけどね」などと言ってくれる人もいた。浦和レッズの負け試合について書いた記事なので申し訳なく思っていたのだが、サポーターの皆様からは好意的に受け止めてもらっていた。

入場するのが遅くなってしまったため、ピッチでは既に選手達が練習をしていた。選手達が動くのを間近で見られるし、指示を出す槙野の声もしっかりと聞こえてきた。そして選手紹介の時間が訪れた。まずはアウェーの川崎フロンターレからで、ホームチームのサポーターからは強烈なブーイングがプレゼントされた。中村憲剛《けんご》、稲本潤一《じゅんいち》、レナト、そして絶対的なエースであり得点ランキング1位を走る大久保嘉人《よしと》には特上のブーイングが湧き上がった。ブーイングは敬意の裏返しだ。敵地でブーイングを受けることは選手としてのステータスともいえる。ところで、もう1人ブーイングされている選手がいた。キーパーの西部洋平《ようへい》だった。この選手もキープレイヤーなのかもしれない。その時は、そう思った。

試合が始まろうとしていた。「威風堂々」をしっとりと歌うことで始まったナビスコカップ決勝とは異なり、最初から全力全開だった。「プライド・オブ・ウラワ」の大合唱だ。

曲が始まると、音に押しつぶされそうになった。とんでもない音の量だ。周囲にいる人があらん限りの力を尽くして声を絞り出していた。歌っているというよりも叫んでいるというほうが適切な言い方かもしれない。どこかに巨大なスピーカーがあるわけではない。これは全部人間の口から出ている音なのだ。驚異的な音圧だった。

「アレオー　アレオー　俺達の浦和レッズ」と歌っていると、ゴール裏の最前列にいる子供と目が合った。2歳くらいだろうか。父親に抱きかかえられ、顔はピッチと逆を向いていた。ゴール裏の最前列にも子供がいるのだ。これは浦和レッズが誇っていいことの一つではないだろうか。親が子供を連れてくるのは、ゴール裏が安全だと知っているからだ。暴力事件が起こるような場所に、子供を連れて行こうと思う親などいないはずだ。最前列の少年だけではなく、浦和レッズの観客席には相変わらず子供が多かった。

そういえばこの日は、前回の試合よりもチャントの種類が豊富だった。後でサポーターに尋ねてみたところ、ナビスコカップ決勝は例外的なパターンで、普段は多彩なチャントを駆使して応援しているとのことだった。その中でもこのチャントは特に好きになった。

カモン　浦和レッズ　オーオー
カモン　浦和レッズ　オーオー
カモン　浦和レッズ　オーオ
浦和レッズ　We love you

さて、試合の行方はというと……序盤から川崎フロンターレのパスワークが冴え渡っていた。中村憲剛からのパスをレナトが受けて、鋭いドリブルで徹底的に掻き回していた。川崎フロンターレは真っ赤に染まった敵地で躍動していた。

その勢いのまま、13分にコーナーキックのボールをジェシが頭で押し込んだ。ジェシはゴールを決めると浦和レッズのサポーターが集うゴール裏の前まで走ってきて、両手を挙げるパフォーマンスをした。意図はわからなかったのだが、浦和のサポーターを煽ろうとしたのかもしれない。露骨に挑発されたとなっては、浦和レッズサポーターも流石に怒るのではないかと思ったのだが、冷静なもので「何やってるんだろうね」「サポーターを間違えてたりして」などと軽くいなして、応援へと戻っていった。ジェシの狙いは外れてしまったようだ。

とはいえ、早い段階での失点が痛かったことには変わりがなかった。その後は、互いに見せ場を作るもスコアは動かず、0—1のまま前半を終えた。

後半に入り、57分、槙野が左サイドを切り崩した。そして、クロスを上げると見せかけて、ゴール前まで切り込んできてそのままシュートを決めた。これで同点に追いついた。槙野はディフェンダーなのに攻撃力に定評のある選手で、攻めるとなると徹底的に攻め続ける。見ていて楽しい選手だ。専門家には、ディフェンスの意識が甘いと書かれることもあるようだが、面白い選手なのは間違いない。

槙野のゴールによってサポーター達は歓喜に包まれ、ゴール裏は大騒ぎになった。しかし、追い上げのチャントは継続して歌われていた。まだ試合はこれからだというコールリーダーからのメッセージなのかもしれない。そりゃそうだ、優勝するためには何としても勝ちたい試合なのだ。同点になったからといって気を緩めるわけにはいかない。しかし、その2分後、オウンゴールから失点を喫してしまった。追いついた直後の手痛い失点だった。スコアは1—2。また1点ビハインドに戻ってしまった。何がなんでも1点は返さないといけない。最低でも引き分けに持ち込んで勝ち点1を確保する必要がある。

俺らの誇り　共に行こうぜ
フォルツァ　浦和レッズ

第4節でも説明したが、フォルツァとは「頑張れ」というような意味を表すイタリア語で、浦和レッズだけではなく多くのチームのチャントで使う語彙の1つだ。そして、試合は終盤へと突入し、再び「プライド・オブ・ウラワ」の大合唱が始まった。

アレオーアレオー　アレオレアレオー
アレオーアレオー　俺達の浦和レッズ
浦和レッズ　浦和レッズ　浦和レッズ
浦和レッズ　浦和レッズ　Pride of Urawa Reds
オオオ　オオオ　オオ　オ　オ　オ　オ　オー
オオオ　オオオ　オオ　オ　オ　オ　オ　オー

ゴール裏の中心地にいるため、周囲の人はみんな飛び跳ねていた。この曲の前半部では飛び跳ねながら歌い、後半部は立ち止まって両手を上げ、合いの手を入れるように手を叩きながら歌う。

この曲を全力で歌うことと、チームを応援したいという気持ちは奇妙にマッチしていた。力を込めて歌うと、揺るぎない愛情を表現することが出来るのだ。不思議な力を持った曲だ。応援に力を得た浦和レッズは火の出るような反撃をした。しかし、どうしてもゴールすることが出来なかった。そして、アディショナルタイムに大久保にシュートを決められて息の根を止められてしまった。

また負けてしまった……、大切な一戦だったのに……。結果としては2点差がついてしまったが、どちらに転がってもおかしくない展開だったように思えた。

試合が終わると、周囲の人は誰も喋らなかった。重い幕切れだ。みんな無言のまま立ちすくんでいた。全てのエネルギーを費やして応援したため、試合後の虚脱感は大きい。ぼくも一緒に呆然としていると、浦和レッズの選手達がゴール前まで挨拶に訪れた。整列して挨拶する選手達に対して、サポーター達は大きな声を上げた。

「下向くなー!!」

「優勝しようねーーー!!」

「まだあるぞーーー　諦めるんじゃないぞーーー!!」

敗戦の辛さを重く感じながらも、選手を励まし鼓舞し、大きな拍手を送っていた。

選手達が去ると、サポーター達は座席の周辺のゴミを片付け始め、席を立った。しばらく誰も喋らなかった。途中コンコースの広い場所で一旦停止した。トイレに行く人、ゴミを捨てる人などを待つ必要があったのだ。何分か経つと、ポツポツと話し始めた。他会場の試合結果を確認すると、優勝争いしているチームの中では首位の横浜F・マリノスだけが勝利したようだ。浦和レッズからすると、追い越すべき相手に一歩先に行かれてしまったことになる。対戦相手はジュビロ磐田であったのを聞いて、「ジュビロさん頼むよぉ……」と深刻な調子で言ったのを聞いて、一行に少し笑顔が戻った。

ぼくらはスタジアムの外に出て、サポーター仲間と遭遇して挨拶したり、記念写真を撮ったりしていた。ホームスタジアムは知り合いだらけのようだ。別れる際に、彼らは何度も何度も握手をしていた。ぼくも握手を求められたので同じ人と何回も握手をした。この握手の習慣が浦和レッズサポーター全体に共通するものなのか、一緒に観戦したサポーター仲間に特有のことなのかはよくわからない。それでも、何人もと握手していうちに、気持ちが温かくなってきた。握手を繰り返すうちに相手の体温が伝わってくるのだ。それはただの熱ではなく、浦和レッズというチームを愛する人々の、とてもとても温かい心が籠もった熱だった。厳しい敗戦の後ではあったが、相手チームに文句を言ったり、暴れたりする人はやはり見かけなかった。全力で応援している人は、試合後に暴れる元気など残っていないのだろう。

埼玉スタジアムから浦和美園駅へと向かう殺風景な道を戻って行った。一行に笑顔は戻ってきていて、談笑しながら進んでいった。その後、誘われるままに東川口の韓国料理屋で、飲み会にも混ぜてもらった。生粋の浦和レッズサポーター約10人の飲み会で、店にいる他の客も浦和レッズサポーターだった。少し前なら怖くて躊躇した飲み会だが、とても楽しく飲むことが出来た。といっても浦和レッズサポーターにとっては、悔しすぎる敗戦の後であったので、みんなハイペースでマッコリを飲んでいて、最終的には甕の中のお酒がなくなってしまったらしい。

ぼくの記憶が確かなら5時間くらい飲んでいたように思うのだが、おかげで色々な話をすることが出来た。この時教わった「混雑する客席でも力強く手を叩く方法」を、翌週に招待されていた結婚披露宴で早速実践したところ、式を盛り上げるのに大きく役立てることが出来た。

浦和レッズのサポーターというと狂信的で他のチームのサポーターを目の敵にしているというイメージを以前は持っていたのだが、少なくともこの一行ではそんなことがなかった。関西に住んでいて、浦和レッズの試合に行けない時はガンバ大阪の試合を観に行くという人もいたし、お風呂に入った時にベガルタ仙台のチャントをついつい歌ってしまうという人もいた。

もちろん一番好きなのは浦和レッズでそれは揺らぐことはないだろう。けど、浦和レッズだけではなくて、サッカーが好きで、Jリーグがとても好きな人達の集まりだった。

浦和はJリーグが始まる前からサッカーが盛んな土地だったらしい。そこに浦和レッズが出来た。浦和と近郊に住んでいる人達は新しく出来たチームを自然と応援し始めた。しかし、浦和レッズはJリーグの草創期の頃、どうしようもなく弱いチームだった。2年連続最下位で、弱すぎることがニュースとなったことをぼくも覚えている。

しかし、そんな中でも、浦和レッズへの愛情は育ち続けていた。弱くてもいい、自分達の町にプロサッカークラブがあるなんて最高だ。そう思う人が増え続けた。そして、同じ気持ちを持つ仲間と親しくなり、勝った試合の後は喜びを分かち合い、負けた試合の後では悔しさを酒で紛らわせながら歴史を重ねてきた。浦和レッズが続いていく限り、これを一生続けていくことが出来るのだ。

「慎太郎さんは、浦和サポにはならないの?」

と、突然聞かれたが、これにはうまく答えられなかった。

浦和レッズは素晴らしいチームだと思った。応援も好きだし、サポーターも好きだ。しかし、既に歴史が始まっていて、文化も熟成されていて、完成されているチームではないかという気がした。それに浦和という地名にも馴染みもなかった。いや、そもそも自分はサポーターにはなれないような気がしていた。彼らのような強い愛情でチームを見守ることはぼくには出来ないような気がするのだ。

「よくわからない」

そう答えるしかなかった。

サポーターとは何だろうか。FC東京が好き、鹿島アントラーズも好き、ガンバ大阪も長野パルセイロも横浜F・マリノスも浦和レッズも好き。それではいけないのだろうか。1つのチームを決めて忠誠を誓わないといけないのか。正直よくわからなかった。しかし、Jリーグの熱が、次第にぼくの心を侵食していたのは間違いない。この頃から、Jリーグの話以外をしていても面白くないと感じるようになっていた。とにかくJリーグの話がしたい。それが一番楽しいことなった。

そういえば、飲み会の終わり頃に思い出した。中心選手である大久保やレナトがブーイングされていたのは理解できるが、ゴールキーパーの西部がブーイングされていたのはなんでなんだろう。聞くとすぐに教えてもらえた。西部はかつて浦和レッズに所属していた選手らしい。

「一度、浦和レッズのユニフォームを着たことがある選手は、みんなうちの子なんですよ」

それならば、どうしてブーイングをしたのだろうか。

どうやらあのブーイングには、「昔いたチームだからって遠慮するな」とか、「違うチームにいっても頑張れよ」とかいう気持ちが込められていたらしい。浦和レッズに対する愛は、チームを離れた選手にも及ぶようだ。

この試合の前には、優勝争いの最前線にいた浦和レッズであったが、この後勝ち星を挙げられずにシーズンを終えることになってしまった。切ない幕切れだ。しかし、結果が何であったとしても彼らの浦和レッズへの気持ちは一切変わることはない。これほどの強い愛によって守られているチームならば、この先どんなことがあったとしても、必ず乗り越えることが出来るだろう。

マスコミをにぎわす浦和のサポーターもスタグルを楽しみにしている

第11節

日立台へ行こう

柏レイソルvsFC東京@日立柏サッカー場

J1は残り2試合で、首位は横浜F・マリノス（勝ち点62）であった。2試合で獲得できる勝ち点は最大で6であるため、優勝争いはサンフレッチェ広島（60）、鹿島アントラーズ（59）、浦和レッズ（58）、川崎フロンターレ（57）、セレッソ大阪（56）を含めた6チームが優勝争いの最前線にいた。

最後の最後までもつれている優勝争いは、圧倒的なビッグクラブを持たないJリーグの楽しさの1つだ。優勝争いに関わっているチームのサポーターは毎日勝ち点を計算し直して日々を送っていたはずだ。

ところでシーズン終盤、第33節の試合が行われる前日に、ぼくは相模原にある「ほがらか」という焼き鳥屋にいた。このお店は、アルビレックス新潟サポーターの溜まり場になっていた。なぜ誘われたのかはよく分からないが、サポーター達は自然と仲間を増やしていく習性がある。新潟の優勝する可能性は既に消えていたが、次の試合は新潟サポーターにとって大切な一戦らしい。

次節は、非常に注目が集まる試合だから絶対に負けるわけにいかないとみんな口を揃えていた。次の対戦相手は首位の横浜F・マリノスなのだ。サポーターにとっては消化試合など存在しないらしい。ぼくも横浜F・マリノス対アルビレックス新潟を観に行こうかとも思ったが、自由席のチケットが売り切れていた。あの巨大な日産スタジアムのチケットが売り切れるとは……その試合ではなんと62,632人が入場することになった。

2位と3位が負けることが条件だが、1位の横浜F・マリノスが勝てば優勝が決定する試合であった。日本にいるファンだけではなく、中村俊輔《しゅんすけ》ファンのスコットランド人なども海外から駆けつけていたらしい。中村は、かつて熱狂的なファンがいることで有名なセルティックというクラブチームに在籍しており、かの地では英雄扱いを受けているとのことだった。中村という一人の日本人のことをずっと覚えていて、晴れの舞台を見届けるためにわざわざ日本まで来てくれる外国人がいるという噂を聞いて、サッカーというスポーツの世界的な広がりを感じた。

さて、優勝争いを横目にぼくが向かったのは、柏レイソルのホームスタジアムである日立柏サッカー場、通称日立台であった。日立台はサッカー専用スタジアムであり、中でも最もピッチに近いところから観戦できるスタジアムとして有名だった。一度行ってみたいスタジアムだったし、この日の対戦は柏レイソル対FC東京だった。

後でわかったのだが、日立台のアウェーチケットは確保するのが難しい部類に入るらしい。今回は例によってブログ記事を見たFC東京サポーターの方に誘って頂いていたのだ。チケットは2枚あったので、友人を誘って2人で観戦した。

JR柏駅から日立台に向かう道はレイソルロードと呼ばれていて、黄色い柏レイソルの旗を見つけることが出来た。

しかし、申し訳ないことにぼくが一番気になったのは途中のペットショップで売っていた「ウズラ」だった。ウズラは世界で最も可愛い鳥の1種だ。丸くてモコモコで小さい鳥なのだ。畜産種としても有名ではあるが、野生のウズラを発見するのは困難で、ウズラに会うことが夢だと語るバードウォッチャーもいるほどだ。しばし愛でると心が満たされた。ほっこりとした気持ちで歩いていると公園が見えてきた。

スタジアムは公園の中にあった。我々はアウェー用の入り口がある裏手の方へと向かっていった。すると、広い草地の上にシートを敷いている青赤の集団が目に入った。


ゴール裏の良い席を確保するためには熾烈な席取り競争に勝ち抜く必要がある。今回はチケットだけではなく並び順も便乗させて頂く形になった。青赤フレームのメガネをかけている気合いの入った女性サポーターと雑談をしていると、FC東京の阿久根社長が歩いてきた。味の素スタジアムの入場ゲートで我々とハイタッチをしたおじさんだ。阿久根社長は、試合開始前はこうやってサポーターの元を訪れて、意見を交換することもあるらしい。ぼくにチケットをくれた方が質問していた。

「ルーカスの引退は止められないのでしょうか?」

シビアな問いであったが真摯に答えてくれた。個人的な見解だと思うので詳細は書かないが、ああいう受け答えをしてくれるならば、FC東京サポーターから信頼され支持されることにも頷けた。

その後、ぼくも話すことが出来た。FC東京の試合を初観戦した時のブログ記事を、なんと社長も読んでくれていたらしい。それどころかプリントアウトして会議室だか幹部室だかにしばらく置いてあったということだ。阿久根社長曰く「ああいうポジティブなものは大歓迎」なのだそうだ。改めて、あの「初観戦記」

の反響の大きさを感じた。

ゲートが開放され、観客席へと向かっていった。アウェー側の自由席はすべて立ち見席で、鉄製の手すりで区切られていた。席を確保して落ち着いて見渡すと、こんな近いところでプロの選手達がサッカーをするのかと驚いた。少し興奮してきたが、試合開始まではだいぶ時間があったので、気持ちを静めなければいけなかった。

日立台に限ったことではないようだが、アウェー側は露店の数が少なく、歩き回るスペースすらあまりない。失礼ながら特に美味しそうには見えないアウェー側のスタジアムグルメを食べるにしても、それほど時間は潰せそうになかった。どうにもならないので、コンビニの前にたむろする高校生のように地べたに座り込んだ。ぼくは本を開いたり、FC東京サポーターの人と話したりして時間を潰した。

随分と時間が経ってから席に戻ると、選手達がピッチに現れて練習を始めた。

最初に出てきたのはゴールキーパー陣だ。正キーパーの権田にセカンドの塩田、そしてゴールキーパーコーチの山岸さんが出てきた。どういうわけか知らないが、ぼくにチケットをくれた同行者は山岸コーチのファンだと言っていた。そして、大声で何度も「ヤマギシー！」と叫んでいた。

彼は、コーチのキックを毎回チェックしていて、その蹴り方が多彩になる度に拍手するらしい。色々なサポーターがいるものだ。ところで、大きな声援を集めていたのは、正キーパーの権田だけではなく、セカンドキーパーの塩田もだった。

試合に出ない塩田への声援は異様なほど大きかった。また、不思議なことに塩田の名前を呼ぶ人は、半分涙声であった。「シオター」「シオー」とサポーターが叫ぶと、塩田は観客席の方を向いて、丁寧におじぎをした。

塩田の振る舞いをみて、ぼくは「サムライ」という言葉が浮かんだ。その振る舞いを見ているうちに、ぼくも塩田が好きになりつつあった。不思議な魅力がある選手だ。渋い硬派な選手だと思ってTwitterを覗いてみると、可愛らしい愛犬とのツーショットが大量に見つかった。そういうところも悪くない。

ゴールキーパー陣の練習が一段落した頃、フィールドプレイヤーが出てくる。サポーターはお気に入りの選手の名前を呼んでいた。そして、シュート練習が始まったのだが、これが非常に恐ろしいものだった。というのも、シュートがゴールの枠を外れるととんでもない勢いで観客席に飛び込んでくるのだ。ゴールと観客席は1メートルも離れていなかった。シュートが観客席に飛び込む度に悲鳴があがった。プロのシュートは流石にスピードが違っていて、空気を切る音が聞こえてきた。

そしてFC東京のゴール裏からはいつものように「ゆるねば」の歌声が上がり、試合が始まった。

しかし、FC東京にとっては酷い試合だった。ご機嫌な気分でいられたのは「ゆるねば」までだ。前回のセレッソ戦をはるかに下回っていた。試合は最初から不穏な展開だったし、FC東京のゴール裏も加熱しすぎていた。応援することを忘れ、相手チームの選手に対して聞くに堪えない誹謗中傷をする者も現れた。それだけでなく、味方であるFC東京の選手に対する中傷をする者までいた。

確かにチームはうまくいっていなかったが、それはないんじゃないか。そう思っていると、近くの方が「文句を言ってないで応援しろ」と怒ってくれた。どのポジションが機能していないとか、誰の判断が悪いとか、そういう分析的な観戦はゴール裏でやることではない。それならば、メインスタンドやバックスタンドで観るべきだ。それどころか、テレビ観戦した方が、もっともらしく批評できる。

もちろん、試合を分析するのは勝手だが、ゴール裏ではいちいち声に出すべきではないのではないか。味方チームに対してネガティブなことばかりを言っていたら、不快になる人がいるのは当たり前のことではないか。せっかく応援の中心地に来ているのだから、少なくとも終了の笛が鳴るまではチームや選手を信じて応援するべきだとぼくは思う。

前半のうちに2つもPKを与えてしまったことが、荒れた雰囲気になった最大の理由だった。なかなか厳しい判定だ。とはいえ、ぼくは何があってもレフェリーを信じたいと思っている。スポーツマンとしてレフェリーに文句ばかり言う奴は、一緒にプレイしていても不愉快だ。もちろん、ミスジャッジはあるし、技量の低い審判にあたることもある。しかし、レフェリーがいなくては、サッカーの試合は成立しない。敬意をもって接するべきだし、八百長で処罰された審判がいないのがJリーグの大きな長所のひとつなのだ。

これは競技者としての自分の考え方だ。同様に、応援席においてもレフェリーにブーイングするのにもあまり賛同できない。ただ、レフェリーにブーイングすることによって心理的なプレッシャーをかけ、試合の中で有利な判定を導き出して行くという駆け引き的な側面があることも否めない。ブーイングされたことで判定を変えるような軟弱な審判は少ないだろうが、微妙な判定の時に有利に転ぶ可能性はある（もちろん逆もありえる）。ぼくは好きではないし参加もしないが、観客が審判に対してブーイングすることにも一定の合理性はあるように思えた。

しかし、この日はブーイングを超えていた。「クソレフェリー」コールが巻き起こったのだ。耳を疑った。ブーイングまでなら何とかわかるけど、みんなで声を揃えて「クソレフェリー」とは……。

ハンドと判定されて2つめのPKを与えた場面では、「故意」ではないのでPKにするべきではないという意見が多かった。確かに厳しい判定だったが、しかしそれでも「クソレフェリー」コールは駄目だ。何故ならそのコールをしている間は自チームに対する応援が途切れるからだ。苦しい時こそ応援するのがサポーターなのではないのか。そもそも、「クソ」というのは、排泄物を指す言葉である。ぼくは他人に対して「おまえは排泄物のような人間だ」と言うためにチケットを買ってスタジアムに来たわけではない。

さらにどうしようもないことに、後半始まってすぐに、キーパー権田のクリアミスを柏のフォワード工藤に拾われてゴールされてしまった。これでスコアは0―3だ。

スタンドは荒れに荒れてしまった。ここには書けないような酷い言葉も聞いた。専用スタジアムの魔力もあるのかもしれない。非常に近い場所で緊張感を持って見ていたので、観客はヒートアップしていくのだ。目には狂気が宿っている人までいた。普段はこういう人ではないのだろうと思うが、明らかに目つきがおかしくなっていて、全身で怒りを表現し、大声でがなり立てている人もいた。

それでも、応援の中心地は必死に立て直そうと一生懸命努力しているように思えた。

「行こう！　行こう！　もっと行こう！　まだ行けるぞ！」

コールリーダーの植田朝日さんは大きな声を出しながら、選手だけではなくサポーターをも鼓舞していた。全体としては応援の声は止まっていなかったが、応援をやめて野次ばかり飛ばす人も増えていた。

一度決壊してしまったものはどうにもならなかった。ゴール裏からは怒号が飛び、応援にもまとまりがなくなっていった。途中出場した石川直宏《なおひろ》が83分に決めたゴールだけが唯一の救いだった。あれをすぐ目の前で見ることが出来たのは文句なしで良かった。ただ、悪い日はどうしようもなく悪いものだ。その4分後にはさらに失点してスコアは3点差に戻されてしまった。最悪だ。どうにもならない。

結局、2つのPKを含む4失点を喫してFC東京は敗北した。最低の気分になった。さっさとスタジアムを出よう。勝利の喜びを噛みしめる黄色いユニフォームに囲まれながら、友人と2人で柏駅へと向かった。

酷い試合だったが、心境は複雑だった。試合内容にもクソレフェリーコールにも自チームの選手に対する野次にもうんざりしていた。一方でピッチの近さにプロ選手の迫力をあらためて感じた。石川が全速力で走り込んできて、シュートを決めたのは本当にすぐ目の前だったのだ。

もし勝っていたら最高の気分だったのかもしれない。友人は、数日後には「二度とゴール裏には行きたくない」と言うようになっていたが、試合直後には「近くで見れて良かった」と言っていたのも事実だ。専用スタジアムの良い部分と悪い部分を同時に見たような気がした。サッカーの熱を感じられるという意味では良いが、サポーターが熱くなりすぎる側面もあるようだ。特に日立台のアウェー側は、椅子すらない場所で人によっては半日以上暇を潰さなければいけないので、試合前にフラストレーションが溜まりやすいという事情もあるのだろう。

ぼくは電車を乗り継いで代々木駅へ行った。そして、駅前のフレッシュネスバーガーで食事をしつつビールを飲んだ。一息ついて友人と別れると、高松駅行きの深夜バスへと乗り込んだ。バスに揺られながら考えた。ぼくはFC東京のことが随分と好きになったらしい。

石川が出てきた時は、それだけで嬉しかった。高橋秀人《ひでと》が出てきた時にも、「お願いだから何とかしてくれ！」と祈った。平山がヘディングで3点差くらい決めてくれることを本気で願った。

しかし、ぼくは選手について悪く言うつもりもないし、「クソレフェリー」と言うつもりもない。ぼくはプロの審判とプロのサッカー選手に強い敬意を払っている。だからこそ、サッカーの試合を観るのが好きなのだ。

初観戦で芽生え、根付きつつあったＦＣ東京に対する愛着と、サポーターの振る舞いとの間に少しずつ、でも深い溝が出来ていた。ぼくはＦＣ東京のサポーターにはなれない。特定のチームに偏らない方がＪリーグを楽しめそうだ。ＦＣ東京はお気に入りのチームの１つ、それでいいではないか。

ぼくはサポーターではない。

ピッチとスタンドが近い専用スタジアム。
熱がこもりすぎる欠点も!?

第12節

カマタマーレ讃岐 vs ガイナーレ鳥取@丸亀競技場

讃岐うどん、運命を懸けた決戦へ

高速バスは幸か不幸かプレミアシートしか空きがなかった。やや高かったものの、完全にフラットになる座席であったためよく眠ることが出来た。代々木駅のターミナルからバスに揺られ、翌朝6時過ぎに高松でバスを降り、待ち人と合流した。カマタマーレ讃岐のボランティアスタッフの通称「うどんのとーちゃん」だ。今回の香川に行くことになったのは、この「とーちゃん」からもらった一通のメールが切っ掛けだった。それは、ブログに書いたJリーグの観戦記事が注目を浴び始めていた11月の半ばの頃だった。

「12月1日と8日に、カマタマーレ讃岐とガイナーレ鳥取のJ2・JFL入れ替え戦が行われるのですが、J2昇格プレーオフと同日程であるため全然注目されていません。もし可能ならブログで紹介してもらえませんか?」

カマタマーレ讃岐。何だ、そのチームは。初めて聞く名前だった。

当時JFLはJ2のひとつ下という位置づけだった。つまり、J1、J2、JFLという順序になっていた。しかし、翌年(2014年)からは新たにJ3が発足するため、J1、J2、J3、JFLという順序へと変わることになっていた。Ｊ３がまだ出来ていない２０１３年は、最後の「Ｊ２／ＪＦＬ入れ替え戦」が行われることになっていた。

このあたりの事情は、日本のサッカーを見始めたばかりのぼくにとっては、なかなか理解できないことだった。当時はＪ１のチームですら全て把握できていなかったのだ。

ぼくが無知なのはある意味当然だったが、世間的にも「Ｊ２／ＪＦＬ入れ替え戦」は注目度がいまいちであったらしい。一方で、カマタマーレ讃岐というチームにとっては重要な一戦で、ここで注目を集めないとチームの存続に関わる可能性すらあったと聞く。だから、関係者やサポーターとしては、とにかく注目を集めたかったのだが、Ｊ１の熾烈な優勝争いや、「Ｊ１昇格プレーオフ（Ｊ２で３～６位のチームが出場）」などの日程と重なっていた。

そこで、ぼくのところにまで紹介依頼が来たのだ。公式なものではないとはいえ、ブログ記事が何回か注目されただけの人間に連絡が来たのだ。本当に困っていたのだろう。振り返ってみると、人から頼られることなんてそうそうあることではない。微力ながら協力することにした。しかしながら、この頃は、過密スケジュールを抱えていて目が回っていた。何とか紹介記事を書きたかったのだが、ＪＦＬもＪ２も、カマタマーレもガイナーレも良く分かっていない状態だったので、何をどう書いていいものか途方に暮れてしまったのだ。

もうこうなったら香川に行って入れ替え戦を見にいこう。頼られても力になれない不甲斐なさに情けなくなったこともあったし、資料をいくら並べてみても状況がさっぱりわからないので現地に行ってみることにしたのだ。

行けば何かしらの材料は見つけられるだろう。当然どこからも取材費は出ないが、気持ちとしては取材であった。と同時に、香川県にいけば讃岐うどんがしこたま食べられるという下心もあった。讃岐うどんは、これまで知らずに生きてきたことを後悔したくなるほど美味しいらしいのだ。

いつの間にかぼくの頭の中は、讃岐うどんばかりになってしまった。しかし、これは無理もない話だ。カマタマーレ讃岐の名前の由来は、釜玉うどんの「カマタマ」と、海を意味するイタリア語である「マーレ」を合わせた言葉なのだ。しかも、チームエンブレムには「うどん」が描かれている。

ちゃんと調べたわけではないが、〝食べ物〟を象徴にしたチームは世界的にもかなり珍しいのではないだろうか。カマタマーレ讃岐の観戦に行くと同時に、うどんを欲するのは不純ではない。正当なる欲求なのだ。

というわけで、讃岐うどんに心から期待しつつ、早朝の高松駅へと降り立ち、メールをくれたボランティアスタッフの「とーちゃん」と合流したのであった。ちなみに、合流した場所のすぐ先は海で、トビが舞っていた。このあたりの人には「マーレ（海）」も身近な存在なのかもしれない。カマタマーレ讃岐の名前の由来や草創期については、『股旅フットボール』（宇都宮徹壱著）に詳しい。

「とーちゃん」と固く握手をすると、隣に大学生くらいの女性がいることに気付いた。この方もボランティアスタッフをしているらしい。2人とも水色のユニフォームを着ていた。兎にも角にも、うどんだ。うどんの時間だ。

地元在住の皆様に案内されて向かった某店は、まだ7時過ぎだというのにしっかり開店していた。開いていただけではなく、店内はかなり混みあっていた。理解できなかった。日曜日の朝7時なのにどうしてうどん屋が混んでいるのだ。香川の人は、朝起きると夢遊病のように彷徨ってうどん屋に入ってしまうのだろうか。村上春樹が「うどんという食べ物の中には、何かしら人間の知的欲望を摩耗させせる要素が含まれているに違いない」と書いていたのを思い出した。なるほど、日曜日の朝7時にうどん屋に行くことが合理的な判断に基づいているとは、ぼくにも思えない。

女子大生のサポーターに勧められたこともあり、ぼくは釜バターうどんを食べることにした。キラリと輝くもちもちのうどん、真ん中にはどでんと卵黄、そこに胡椒が少々振りかけてある。一口食べてみると、吹き飛ばされそうになった。期待していたよりもはるかに美味しかったのだ。

コシのある麺は噛めば噛むほど美味しかった。バターの風味と小麦の香りが絶妙に噛み合っていて、そこに適度にちりばめられた胡椒の刺激が加わっていた。これは、うどんのカルボナーラだ。いや、ただのカルボナーラではない。出汁と醤油の風味も加わっているのだ。ここにはぼくの望む全ての風味があった。コシがあって噛みごたえがあって、つるつると喉を通過していった。猛烈な勢いで食べてしまった。2玉では全く足りなかった。この時ぼくは、再び讃岐の地を訪れることを強く誓った。

至福の時を過ごした後、香川県立丸亀競技場へと向かった。

キックオフは13時からなのだが、ボランティアの集合時間は9時だったのだ。ぼくがそんなに早く行っても意味はないのだが、高松にいてもすることがないので一緒に連れていってもらうことにした。

スタジアムに着いて「とーちゃん」と別れ、周囲をうろつき始めた。それ以外にすることがなかったのだ。ぼくはスタジアムの裏手にあるグラウンドで子供達のサッカーを眺めたり、野鳥を探したりしながら過ごした。めぼしい野鳥はいなかったが日本固有種のセグロセキレイと、本来日本にはいない籠脱け鳥のインドハッカを発見することが出来た。

試合開始まで時間はあったが、全く退屈しなかった。というのも、大学生のサッカー観戦サークルの面々とサッカー談義をしていたからだ。これが非常に楽しかった。このサッカー観戦サークルとは何か。関西の大学を中心に活動している「Ｔｉｆｏｓｉ（ティフォージ）」の創設者の1人であり、代表（当時）の「つじー」の口を借りて説明してもらおう。

「Ｔｉｆｏｓｉは、サッカー観戦を目的にしたサークルです。Ｊリーグに若者のファンが増えないことが問題視されることがありますが、若者の受け皿になる場所がないという現状もありました。観戦やサッカー談義を目的とした仲間を作ることによって、若いサッカーファンを増やしたいと思っています」

確かにその通りだ。サッカー観戦に興味があっても、1人でふらっとスタジアムに行ける若者ばかりではないのだ。そして、行ったところで観戦仲間がいないと楽しみも半減してしまう。サッカーには解釈の余地がたくさんあり、様々な見方で楽しむことが出来る。自分の解釈を披露したり、人の見解に耳を傾けたりするのは何よりも楽しい時間なのだ。

「2014年のブラジルワールドカップが、日本のサッカーファンを増やすための重要な転機になると思っています。だから、それまでにサッカー観戦を楽しむ下地を作っておくのがサークルを設立した目的の1つです」

このような理念に基づいて観戦サークルを始めてみると、共感する人が増え続け、現在では100名近くが在籍しているとのことだった。最初はサッカーマニアの集いのようになるものと予想していたが、始めてみるとサッカー観戦をまだしたことがないという人も参加してくれることが多く、「初心者歓迎」という方針も急遽打ち立てたとのことだった。

ぼくは大学生観戦サークルの活動を聞いて3つの良い部分があると思った。

1つは、若い人が自発的に活動している点。若者がサッカーを観に来ないという問題点は、最終的には若者自身に活動してもらわないとどうにもならないことなのだ。

次に、異なる価値観の人と交流できる点だ。情けないことに大人達はインターネット上でよく喧嘩をしている。「そういう観戦の仕方は認めない」とか「あんなのサポーターじゃない」とか罵り合っているのを見ることがある。これは、自分と異なる価値観がある人との交流があまりないから起こる現象ではないか。大学生観戦サークルでは、それぞれが異なるチームを応援していて、ゴール裏で跳ねる人もいれば、メインスタンドでのんびり眺める人もいる。「つじー」に言わせれば、世の中には色々なサッカーがあるし、色々なサッカーの見方があって、それを認めていくことが大切なのだそうだ。その通りだと思う。

最後に、活動に理念があることだ。「日本のサッカー熱を高める」という大目標を掲げていることが素晴らしい。「うちのチーム以外どうなってもいい。嫌いなチームは消えればいい」なんて大まじめに言う自己中心的な（あるいは自チーム原理主義的な）大人も存在する中で、日本のサッカーの将来を真剣に考えて行動している大学生達はとても爽やかで快活に思えた。

そして、香川にある観戦サークルが「ＳｅｔｏＳｅｅｌｅ（セトゼーレ）」で、愛媛で活動している大学サークル「オレンジーナ」の3人娘にも出会った。この2つのサークルには共通点があった。地元のチームである「カマタマーレ讃岐」と「愛媛ＦＣ」を応援する人が中心とのことだったが、応援するチームやスタイルは問わないそうだ。

四国の2つのサークルは、「ちょんまげ隊ツン」という人の呼びかけで設立したサークルらしい。日本代表の試合などを中心に、ちょんまげと甲冑を身につけて応援している方で、2011年の東日本大震災以降は、被災地支援のボランティア活動やチャリティーにも取り組んできているようだ。大学生サークルとボランティア活動は親和性が高いようで、大学生達は自らの手を貸す代わりに、社会貢献活動に参加するという経験が出来る。

というわけで、結局この日は、観戦サークルの男子大学生4名と一緒に観戦することになった。内訳は、讃岐を支持している「SetoSeele」が1人と、札幌、松本と岡山を支持している「Tifosi」が3人と、なかなかバラエティに富んでいた。

我々の話は尽きることがなかった。ぼくはこの日対戦する2チームの状況をよく知らなかったので、質問してみたところ、流石にみんな詳しくて丁寧に教えてもらえた。特に気になったのが、カマタマーレ讃岐の木島良輔《りょうすけ》であった。33試合で15得点を決める活躍でJFL準優勝の原動力となった選手だ。横浜F・マリノスにも在籍していた攻撃力の高い選手とのことだった。一緒にいた松本山雅サポーターは、松本にいた時代には実弟の木島徹也《てつや》とともに在籍していたが、怪我やら出場停止やらでなかなか2人揃って出場してくれなかったとぼやいていた。

時間になったのでスタジアムに入場し、サポーターの中心地から少し離れた位置に席を確保した。丸亀競技場は小さなカマタマーレには不相応とすら言えるほど大きなスタジアムで、収容者数は約30000人である。そのため、アウェイ側はもちろん、ホーム側もゴール裏は開放しておらず（そもそも座席がなく芝生なのであまり観戦向きではない）、バックスタンドの両端に両チームの応援の中心地が出来ていた。

ぼくらは交代でスタグルの確保にいったのだが、残念ながら讃岐うどんを見つけることは出来なかった。

ぼくは肉巻きおにぎり「ニックンロール」を購入して席に戻った。

この日の入場者数は、5793人で、平均入場者数が3000人程度のカマタマーレ讃岐としてはかなり頑張った数字らしい。アウェーではあるもののガイナーレ鳥取のサポーターも、1000人程度来ていたようだ。ガイナーレのホームページを覗いてみると、チームカラーの緑にちなんで総力戦ならぬ「総緑戦」というキャッチフレーズが掲げてあって、ちょっと気持ちが和んだ。センスのあるフレーズだ。

この試合は、両チームにとってはリーグの昇格または残留が懸かった大切な一戦のはずなのだが、妙に牧歌的な味わいがあって、ぼくの緊張感は上がらず、のんびりと観戦してしまった。電光掲示板はドット落ちが非常に目立っていた上、全てカタカナで「カマタマーレサヌキ、セグチ、フジタ、ニシノ、ノグチ、モチドメ……」と表示されていた。80年代のファミコンゲーム「燃えろ！　プロ野球」を思い出して懐かしい気持ちになった。

「シノヅカ、ハラ、クロマティー、ナカハタ……」

試合が始まる前に、讃岐サポーターのコールリーダーが「皆さんもっと集まって下さい。こちらに来て一緒に声を出しましょう」という風に呼びかけていた。放っておけばコアな人達が集まってくる古い大きなチームではこういうことはあまりないような気がする。1人でも多くの人に応援に参加して欲しい。カマタマーレ讃岐を支えて欲しい。そういう思いが感じられた。

そして、選手入場の頃だっただろうか、サポーター達がゆったりとした曲を歌い始めた。小柳ルミ子が70年代に歌った「瀬戸の花嫁」という曲のメロディだ。

この曲は、瀬戸内海に浮かぶ小島へと嫁いでいく花嫁を歌っている。懐かしい、優しいメロディの曲だった。歌詞はなく、「オオオーオオオー、オオオーオオーオーオー」という合唱が響いていった。それは、浦和レッズや鹿島アントラーズの応援と比べると、小さくて儚い音量だった。小さな合唱に参加していたのは、300人程度だっただろうか。「瀬戸の花嫁」を聴いているうちに、ぼくはカマタマーレ讃岐という若い小さなチームに好意を持つようになっていた。

試合開始とともに、バックスタンドの一番高い位置まで登ってみた。そこからは丸亀市街を見下ろすことが出来た。周辺に高い建物がないので、その向こうにある山がぼんやりと見えて、実に気分が良かった。しかし、このあたりに座っているとあんまりにものんびりとしてしまい眠くなってしまった。

天気が良い上に、肉巻きおにぎりを食べてお腹いっぱいになっていたせいでもあるが、やはりサッカー観戦には観客の熱気が必要なのだ。サポーターの応援が必要なのだ。スタジアムでの応援は、選手を鼓舞するための応援であると同時に、我々観客にサッカーの見方を教えてくれる「指揮者」の役割も果たす。応援に共感して、声を出したり、ブーイングをしたりするのもいいし、応援に対して「それは違うな」と思ってもいい。ともかく、あれは1つの「視点」を示したもので、応援があるからこそサッカー観戦は容易なものになるのだ。ぼくは、応援の中心地の傍へと戻っていった。

ぼくが眠くなっている間は試合のスコアは動かず、席を変えた後もシュートは決まらなかった。前半は両チームとも無得点に終わった。遠目に見ていて目立っている選手はやはり木島良輔だった。前線でボールが渡ると鋭い切り返しから自ら持ち込もうとする気迫をみせていた。気迫が目に見えてくるようなエネルギッシュな選手には好感がもてる。

そして、試合は後半へ突入した。開始早々に木島が右サイドを突破してクロスをあげると、高橋泰《ゆたか》がシュートを押し込んだ。やはり状況を切り拓いたのは讃岐のエース木島だった。しかし、これで一歩リードしたと安心していたところ、今度は鳥取が右サイドを破ってクロスを上げ、森英次郎《えいじろう》がヘディングでねじ込んだ。讃岐にとっては悔やみきれない失点だった。一緒に見ていた観戦サークルのメンバーによると、カマタマーレの方が攻撃力は高いが、サイドの守りに難点を抱えているとのことだった。流石だ。

戦術についてはさっぱり分析できないぼくでも、木島にボールが入るとチャンスになることはわかった。カマタマーレは何度も何度も木島にボールを入れていた。もちろん、木島がキープレイヤーだということはガイナーレ鳥取の守備陣もわかっているので、きつく身体をあてて止めにいった。

小柄な木島は何度も倒されたが、それでも立ち上がって向かっていった。うららかな陽気の中、牧歌的な雰囲気に包まれたスタジアムで、木島の闘志は異様に浮き立っていた。試合はカマタマーレ優勢のまま進んでいくがもう1点がどうしても取れなかった。そして、残り時間が少なくなると、カマタマーレは前線へと大きく球を蹴り出すようになった。

キック&ラッシュ——ボールを大きく蹴って、そこに選手達が向かっていく最も原始的な戦術の1つだ。「放り込みサッカー」などと言われることもあり、緻密なパスワークの対極にある戦術だ。偶然に任せる要素が強いため、相手が格上でどうにもならないような時は守りを固め、キック&ラッシュに頼ることもある。絶対に失点は出来ないが、出来ればもう1点が欲しいという判断だろうか。カマタマーレ讃岐はキック&ラッシュを始めた。

ボールが高く浮かび上がり、その下で両軍の選手達が懸命にボールを追った。晴天のスタジアムで、ポーンと高く蹴り上げられたボールと、動き回る選手達を眺めていると不思議な気持ち良さを感じた。自分でサッカーをしている時とも違うし、テレビでサッカーを見ている時とも違う。スタジアムに行かないと味わえないものの1つかもしれない。

試合は、1―1のまま幕を閉じ、ぼくらは15時過ぎにスタジアムを後にした。J2/JFL入れ替え戦の行方は、次週、鳥取での試合結果によって決まる。

ぼくらは「とーちゃん」達ボランティアスタッフと合流してご飯を食べることになっていたのだが、スタッフは18時頃まで片付けがあるらしい。ぼくらは先に高松まで無料シャトルバスで向かい、ずっとサッカー談義をしていた。時間があっという間に過ぎていった。楽しい時間だった。

19時過ぎになって「とーちゃん」達と合流し、もう1つの香川名物「骨付き鶏」を味わった。これは、鶏のもも肉を焼いたメニューなのだが、非常に美味しかった。「おやどり」は弾力があって噛むと肉の味が溢れてきて、「ひなどり」は柔らかく優しい味わいだった。ところでずっとカマタマーレ讃岐のサッカーを見てきた人からすると、今日の試合はどう感じられたのだろうか。ボランティアスタッフの方々に、今日の試合の出来映えを尋ねてみた。すると、こんな答えが返ってきた。

「試合は全く観てないから帰って録画みるまでわかりません」

そうか、ボランティアスタッフは試合を一切見ることが出来ないのだ。

試合中も忙しいらしく、聞いてみるとお昼ご飯を食べる時間もなかったそうだ。朝9時集合で、18時頃に解散、休憩時間はなし。試合を観ることも出来ないし、報酬もない。もしかしたら、ボランティアスタッフの方が、「サポーターよりもサポーター的」と言えるかもしれない。

ボランティアスタッフが選手に罵声を浴びせることはない。何故なら、試合を見ることが出来ないからだ。選手達が勝利してくれることを祈って、休日の時間を削って、無償で労働をしているのだ。こういったボランティアは、讃岐だけでなく、多くのＪリーグチームが採用しているという。

高松駅に降り立った時に、とーちゃんと並んでいた女子大生もその一人だった。

彼女が高校生の頃、日本代表が南アフリカで熱戦を繰り広げていた。ちょうどその頃、カマタマーレ讃岐はＪＦＬに加入し、本格的にＪリーグ入りを目指し始め、高校生だった彼女はボランティアスタッフになった。彼女はこう語ってくれた。

「観戦するだけなら大人になっても出来るから、学生のうちはスタッフとして運営に関わることを経験してみたかった。そうすることでクラブを支えて、作っていく気持ちになれると思います」

讃岐のスタグルにうどんはない―（上）、下部リーグのチームにとってJ2は「天国」だ（中・下）

カマタマーレ讃岐という名の小さな物語は始まったばかりだ。小さくて弱くて儚い存在だし、少し舵取りを間違えるとすぐにピンチになってしまうかもしれない。けど、大事に大事に見守って支えている人もいるのだ。財政規模は小さいし、あんまり強くもないので、外野からは色々言われるかもしれない。けど、きっと大丈夫だ。

「若いと誰もが　心配するけれど　愛があるから　大丈夫なの」(瀬戸の花嫁より)

第13節

鹿島アントラーズvsサンフレッチェ広島@カシマサッカースタジアム

「カシスタ」で奇跡は起こるのか

2013年の優勝争いは最終節までもつれ込んでいた。ひとつ前の週の試合で、1位の横浜F・マリノスは、満員のホームスタジアムでアルビレックス新潟に敗北してしまった。痛恨の敗戦だった。海外から応援に来た中村俊輔のファンもさぞ肩を落としたことだろう。一方で、前夜、一緒に飲んでいた新潟サポーター達は大一番に勝って幸福に包まれていたそうだ。

多くの人が語り、メディアが注目したのは、負けた横浜F・マリノスと中村俊輔の物語だったが、その裏には、「引き立て役」であった新潟サポーターの物語もあった。俊輔の失意を考えると胸が痛くなったが、あの日出会ったサポーターや「太鼓叩きの青年」が、大喜びしていた事を想像すると少し楽しい気持ちにもなった。なかなか複雑な心境だった。

前節で優勝を決められなかったとはいえ、横浜F・マリノスは依然として首位であり勝ち点は62であった。以下、サンフレッチェ広島(60)、鹿島アントラーズ(59)の3チームに優勝争いは絞られていた。横浜が勝利した場合には、他の試合の結果にかかわらず優勝が確定する。しかし、対戦相手は同じ神奈川県内の川崎フロンターレで、簡単に勝てる相手ではなかった。負けてしまった場合には他の2チームにも優勝する可能性が生じる。

そして、ぼくが観戦に行ったのは、その2チーム同士の対戦だった。すなわち、鹿島アントラーズ対サンフレッチェ広島である。もっとも、優勝争いを見ようと狙ったわけではなくて、鹿島サポーターに誘われて、かなり前からカシマスタジアムに行く予定になっていたのだ。

横浜が負けた時の事をシミュレーションしてみよう。

「鹿島対広島　↓　引き分け」の場合、横浜が優勝。

「鹿島対広島　↓　広島が勝利」の場合、広島が優勝。つまり、横浜が負けて、広島が勝った場合は広島が優勝だ。

「鹿島対広島　↓　鹿島が勝利」の場合、鹿島と横浜が勝ち点62で並ぶ。この場合、得失点差によって順位が決まるが、得失点差は9。

つまり、鹿島アントラーズは広島に勝つだけではなく、横浜との得失点差を9つも縮めないと優勝する事は出来ない。例えば鹿島が5—0で勝利し、横浜が0—4で敗北した場合にはじめて鹿島が優勝する事になる。可能性が高いとは言いがたい状況だった。

しかし、か細いながらも優勝の目は残されていた。可能性が少しでも残っているならば、鹿島アントラーズとそのサポーターが諦める事はない。

実際にゴール裏を覗いてみると「優勝しか考えていない」という横断幕が出ていた。優勝する気なのだ。これはポーズではないのだろう。つまり、「最後まで諦めない方が格好いい」という建前に基づいているのではないのだ。鹿島サポーターは本気で勝って優勝する事を信じているし、そのために全力を尽くそうと思っているのだろう。ぼくはそう感じた。

0・01%でも優勝の可能性があるならば、全力で応援する。鹿島の応援の力があれば、カシマサッカースタジアムの魔力があれば、ジーコ以来培われてきた伝統と勝利の経験があれば、優勝の可能性を引き寄せられる。そう、信じているのだ。いや、仮に優勝の可能性が消えていたとしても、全力で応援し勝利を求めるのが鹿島の流儀なのかもしれない。J1最終節にして、両チームに優勝がかかった決戦が始まろうとしていた。激戦は必至だった。

この日は鹿島アントラーズサポーターの方に、「まだどこのサポーターでもないなら、鹿島のゴール裏で一緒に応援しませんか?」と誘って頂いていたのだが、この日はゴール裏に立ち入らずに外から眺めていたいと思い、2階の指定席から観戦する事にした。

とはいえ、気持ちの上では鹿島アントラーズを応援していた。9点差を逆転して優勝したら最高じゃないか。決戦を前にして、ぼくの緊張感も高まっていった。一方で、もう1つの戦いも始まろうとしていた。今度こそ、「日本一煙いスタジアム」が誇る伝説の五浦《いづら》ハムを購入しなければならないのだ。重要な決戦の日ではあるものの、相変わらずカシスタのコンコースはお祭りのようだった。

肉を焼く煙がモクモクと立ち上がり、スタグルを買うための行列が出来ていた。そして、相変わらずキラキラと輝いた表情の女性達が、露店を巡っていた。試合前のゴール裏を覗いてみたのだが、席についている人はみんな呆れるほど美味しそうなものを食べていた。その中でも、炒めたモツに赤いタレがかかっていたものが特に美味しそうだった。あれはどこにいけば買えるのだろうか。

お目当ては五浦ハムだったのだが、あまりに行列が長いので諦めて別の「焼きハム」に並ぶ事にした。ちょうど買い終わった頃に、名物サポーター（?）の「よこちん」氏がぼくを見つけてくれて、なんと五浦ハムをプレゼントしてくれた。彼をハムにしたらきっと美味しいに違いない。そんな雰囲気の方だった。聞いてみると飲食店に勤務しているらしい。天職だろう。ともかく、一度諦めていた所に、予想外の嬉しいプレゼントをもらった。

「ハムのおじさん」に感謝の礼をして、座席に戻っていった。五浦ハムは、実にしっかりとした肉の塊だった。サイコロステーキくらいの大きさの肉が串に刺さっているのだが、肉1つ1つに確かな存在感があった。柔らかい軟弱な肉とは異なり、しっかりとした噛みごたえがあった。そして、力強く噛みしめると肉の旨みが中から溢れだしてきた。これは「脂」ではなく「肉」の美味しさだ。味付けは塩が中心で非常にシンプルながら、非常に食べ応えのある一品だった。

もう1つの焼きハムを食べて、さらに天丼を食べた。その上でメロンパンを食べて、お腹が苦しくなった所で、鹿島アントラーズのチャントが聞こえてきた。食べているうちに随分時間が経ってしまったようだ。聞いた事がないメロディアスなチャントだった。「オレオレ」言っている部分は聞き取れるのだが、他の箇所は聞き取れなかった。もっとも、スタジアムでチャントの歌詞が聞き取れない事はよくある事だ。

選手紹介が終わり、試合前の「錨を上げろ」が始まった。ここから始まる一連の流れはカシスタの見所の1つだ。

「錨を上げろ」が終わると、「ロール」と呼ばれるチャントが始まり、「ゴール鹿島」へと移行する（ぼくが観た時はこのパターンだったが、違う場合もあるようだ）。その際に、ジーコを模した巨大な旗などが次々とゴール裏の観客席に現れた。一方、アウェー側の広島のゴール裏をみてみると、巨大なユニフォーム状の旗が出現していた。優勝を賭けた最終決戦が始まろうとしていた。

試合は白熱した。両チームとも優勝がかかっていたため、いつにもまして気迫がこもっていた。この日の鹿島のゴール裏は、いつもと少し違う様子だった。野戦基地から流れてくる「ウォークライ」のような応援ではなく、例の「オレオレ」をずっと歌っている。何のメロディだったかと考えてみると、「聖者の行進」だった。今日はずっとこれでいくのかと思っていたら、いつものように「ゴール鹿島」が始まった。

この日、アウェイチームの広島が取った策は「エース封じ」であった。鹿島アントラーズのエースは、もちろん大迫勇也である。

大迫に前線でボールをもたせてしまうと、そこから危険な攻撃を作られてしまう。具体的にどうやったのかまではぼくにはわからなかったが、大迫へのパスコースは遮断されていたし、ボールが通っても厳しいプレッシャーを受けていた。この作戦は2つの意味で有効だった。まず、前線へのパスコースが見つからないため、鹿島のオフェンスが中盤で停滞してしまった。次に、エースのフラストレーションが溜まり続けた事だ。自由にプレイできないどころか、自分の周辺でいつもボールをカットされ、相手の攻撃に繋げられてしまう。27分には、相手のカウンターを後ろから止めに行ったところ、笛が吹かれ、イエローカードが提示された。若きストライカーは明らかに苛立っていた。ゴール裏のサポーターは「大迫コール」をして語りかけたが、その気持ちが伝わっただろうか。そして、35分。中盤でもたついているうちにボールをカットされ、高萩洋次郎《たかはぎようじろう》がアウトサイドで蹴ったボールに対して、石原直樹《なおき》が鹿島ディフェンス網の裏に抜け出して先制点を決めた。サンフレッチェ広島は、勝利を一つ引き寄せた。

広島サポーターの感情が爆発し、歓声がスタジアムに響いた。その歓声をかき消すように、反対側のゴール裏に太鼓の音が力強く鳴り響いた。

勝つだけではなく9点差をひっくり返す事を考えると、この瞬間に、優勝は絶望的になったともいえる。しかし、不吉な予感をかき消すように、太鼓の音が鳴り響き、鹿島アントラーズのゴールを求めるチャントが力強く始まった。

絶望するのは簡単だ。さっさと勝利を諦めれば、負けた時のダメージも小さくなる。しかし、最後まで諦めずに勝利を目指すには、絶望などしている暇はないのだ。ともかくゴールを取らなければいけない。まずは1点、続いて2点、3点、4点、5点、6点と取り続けた先には優勝が見えてくる。

大迫のチャントが鳴り響いた。エースストライカーの大迫が活躍してくれない事には勝ちようがないのだ。しかし、広島の戦術がピタリとはまったらしく、期待に応えられそうな状況ではなかった。

苦闘する若きストライカーと、信じて声援を送り続けるサポーター。この構図は、息が苦しくなるほど美しかった。大迫のチャントがカシスタに響き渡った。この日一番の迫力だった。みんな大迫が何とかしてくれる事を信じているのだ。

しかし、得点が決められないまま前半のアディショナルタイムに突入した。その時、この日何度目だっただろうか、大迫の周辺でボールが奪われてしまった。大迫勇也は相手選手を後ろから止めに行き、笛が吹かれた。そして、無情にも掲げられるイエローカード。2枚目のイエローカード続けてレッドカードが掲げられた。退場だ。

大量得点が必要な場面で、ストライカーが退場してしまったのだ。広島という強豪チーム相手に1人少ない状態で立ち向かわなければならなくなってしまった。大迫が肩を落としてピッチを去って行った時、ゴール裏からは例の「オレオレ」の声が立ち上がってきた。絶望して下を向いてしまうのが怖かったのか、それともまだ勝ちを諦めていなかったのか。あるいはその両方だったのか。この状況で、チャントの迫力はさらに増していた。音量が大きくなった事もあって、「オレオレ」の曲の歌詞を聞き取る事が出来た。

オレオレ　オレオレ
オレオレー　オレーオレー
鹿島　レーオー　アントラーズ
キセキヲオコセ

奇跡を起こせと歌っているのか——

この曲はアントラーズが劣勢の際に歌われる曲だと後で聞いた。

普通は試合の終盤で歌われる曲のようだが、この日は試合前から歌っていた。つまり、自分達がいかに絶望的な状況にいるのかをサポーターはわかっていたのだ。その上で、勝ちを目指していた。

9得失点差を跳ね返す事なんか不可能に近い事なんて重々承知だし、最初から諦めてしまう方がずっと楽だ。

しかし、みっともなかろうが、負けて大恥をかく可能性があろうが、可能性がゼロではないならサポーターは勝ちを求めるべきなのかもしれない。その気持ちがあるからこそ、選手もプロとして答えようと思うのだ。サポーターは、12人目の選手と言われているが、当然ながらピッチに下りて自分でプレイする事は出来ない。しかし、精神的には選手よりも先の最前線で戦っているのだ。サポーターの心が折れた時、勝利の可能性も消えてしまう。だから、何があっても応援をやめてはいけないのだ。サポーターが戦い続ければ選手も戦い続けるしかない。何故なら、彼らはプロのアスリートだからだ。客の声援に応えるのが仕事なのだ。

鹿島アントラーズのサポーター達は、ハーフタイムの間ずっと「奇跡を起こせ」と歌い続けていた。奇跡は勝手に起こるものではない。サポーターと選手が無理矢理に起こすものなのだ。大迫がいなくなった分、サポーターが埋めることができればハンディはなくなる。

奇跡を起こせ――

しかし、サンフレッチェ広島は、非常に強いチームだった。パスワークは見事だったし、つけいる隙がみつからないほど完成された老練さを持っていた。広島相手にここから逆転するのはとても難しいことのように思えた。しかし、鹿島アントラーズの攻撃は勢いづいていった。

それは、ハーフタイムに落ち込む大迫の姿を見たからかもしれないし、サポーターの声が届いたからなのかもしれないし、あるいは全然違う理由であったのかもしれない。鹿島アントラーズは10人とは思えない猛攻を仕掛けた。それに合わせて、ゴール裏も強力な応援を送り続けた。

しかし、何度かチャンスは作ったのだが、どうしてもゴールには届かずにいた。そして80分、広島の石原が清水航平《こうへい》のクロスボールを押し込んだ。これでスコアは0―2。流石にこれ以上はどうしようもない。石原が決めた2点目によって、引き分けに持ち込む事すら難しくなった。勝つのはさらに難しい事だし、9点の得失点差を返す事に関してはほぼ不可能になった。

広島サポーターから歓喜の声が溢れてきた。この絶望的な瞬間に、鹿島のゴール裏から「オレオレ」と大きな声が湧き上がってきた。まだ諦めていなかった。応援の声は少しも衰えていなかった。

残り時間は少なくなっている。もう勝つのは無理だ。優勝も無理だ。冷静に考えれば誰だってわかる事だ。しかし、考えている暇すらないのだ。理屈ではない。とにかく声援を送り続ける以外に出来る事はないのだ。残り時間が5分を切っても「奇跡を起こせ」の大合唱は衰える事がなかった。

しかし、奇跡は起こらなかった。

そもそも後半は1人少ない状態だったのだ。よくぞここまで戦い抜いたと褒めるしかなかった。試合終了の笛が吹かれた。広島のゴール裏が一瞬歓喜に湧き、しばし静まりかえった。

数十秒の沈黙の後、突然サポーターが飛び跳ねて手を振り上げ始めた。恐らく他会場の結果が伝わったのだろう。横浜F・マリノスが敗れたのだ。サンフレッチェ広島の優勝が確定した。

We are champion!!　We are champion!!
We are champion!!　We are champion!!

という歓喜のコールに続いて、「カンピオーネ、カンピオーネ、オレーオレーオレー」という曲が始まった。どこかで聞いた事があると思ったら、ガンバ大阪がJ2優勝を決めた時にも似たような曲を歌っていた。後で調べてみるとイタリア語でチャンピオンという意味らしい。アントラーズのサポーターは、黙って歓喜に沸く広島サポーターを眺めていた。彼らの心中は、同じ気持ちで、同じ熱量で応援していた者にしか理解できない。

優勝セレモニーが始まると、鹿島サポーターも大きな拍手を送っていた。ぼくに五浦ハムをくれた「ハムのおじさん」は、悔しくて拍手が出来なかったそうだ。それも無理もない事だ。最後の最後まで勝利を信じて本気で応援していた証拠だ。瞬間的に頭が切り換えられない人だっていて当たり前なのだ。

一方で、半数以上のサポーターが広島の優勝を讃える拍手を送っていた。Ｊリーグで最も数多くの栄光を得ている王者の名にふさわしい立派な立ち居振る舞いだった。

ところで、セレモニーには優勝チームに与えられるシャーレ（ドイツ語で「皿」の意味で、Jリーグチャンピオンの証）がなかった。1位の横浜Ｆ・マリノスが優勝する可能性が一番高かったため、シャーレは横浜の試合が行われた等々力競技場にあったのだ。

横浜Ｆ・マリノス対川崎フロンターレの神奈川ダービーも熱戦だったようだ。0―0の同点で迎えた54分、横浜の中村俊輔が自ら勝負を決めようとドリブルを仕掛けた。しかし、それを潰されてカウンターを受け、最後はレナトに決められてしまった。

敗北が決まると、中村俊輔はピッチに崩れ落ちた。どんな時でも憎らしいくらい冷静であった35歳の男が、恥も外聞もなくピッチで泣き崩れていた。一度は優勝をその手につかみかけていながら、最後の最後で2連敗を喫し、栄光は指の隙間から抜け落ちてしまったのだ。中村はこの年の最優秀選手賞に輝いたが、個人タイトルに喜べる状況ではなかっただろう。

優勝を彩るシャーレを欠いたセレモニーが終わり、広島のサポーター達は帰路についた。

一方、鹿島サポーターはスタジアムに居残り、岩政大樹《だいき》選手とのお別れセレモニーが行われた。岩政は10年間チームに在籍しており、日本代表にも選出されていた選手であったが、最近は控えに回っていたため、出場機会を求めて退団する事になっていた。岩政とサポーター達の10年の歴史はぼくには計り知れないものだが、セレモニーは感動的だった。そこには大迫も参列していたはずなのだが、黒いベンチコートに隠れるように身を包んでいたせいか、どこにいるのか見つける事が出来なかった。

この試合から数日後、「徹マガ」の最新号がメールボックスに入っていた。その最新号には「僕がＪリーグについて書こうと思った理由」というタイトルで、ぼくの、つまりこの文章を書いている中村慎太郎のインタビューが掲載されていた。

くすぐったい気分で自分のインタビューを読むと、広島サポーターの澤山大輔さんの「サポーターは99％辛い事ばかり」という決して裕福ではないチームが2連覇を成し遂げるまでの苦労話が載っていた。広島サポーターはずっと大変な思いをしてきたらしい。そして最後に猪熊脩登さんのコラム「鹿島側から見る広島の強さ」が掲載されていた。猪熊さんは、鹿島アントラーズサポーターで、あの日ゴール裏から声援を送っていたのだが、1点を失い、大迫が退場した後、ゴール裏の空気が変わったと記していた。

「誰一人として諦めた者はおらず、それがスタジアムに『いけるかもしれない』という空気感を生み始めていました。しかし、大迫が退場し1点ビハインドで終えた前半終了時、『奇跡を起こせ』と歌い続ける者とブーイングする者が入り混じるようになり、いつのまにか『いけるかもしれない』という空気感は失われていきました」（徹マガ　通巻173号）

前半はぼくが感じた通りだが、後半は違っていた。少なくともぼくのいる場所にはブーイングは聞こえてこなかったし、応援の声も最後まで力強く聞こえていた。

しかし、ゴール裏の中心部にいたサポーターには1人、2人と心が折れていくのが感じられたようだ。一方で負けを覚悟した者の分まで、声を出して応援を続けたサポーターがいたのかもしれない。サポーターの集うゴール裏は、外から見るのと、中から見るのではまるで印象が違うようだ。

これまで鹿島アントラーズの試合を2回観戦した。ＦＣ東京と川崎フロンターレが相手で、両方とも見事な圧勝であった。しかし最終節の試合は、圧勝した2試合よりもはるかに、鹿島の強さと凄みを感じた。どんな時でも勝利だけを求める。彼らはこの単純明快な理屈を貫き通して来たのだろう。それは決して簡単な事ではない。偉大で、尊く、美しい。

第14節

京都サンガvs徳島ヴォルティス@国立霞ヶ丘競技場

天国か地獄か――J1昇格プレーオフ

国立競技場へJ2プレーオフを観に行くことにした。J2/JFL入れ替え戦の第二戦「ガイナーレ鳥取対カマタマーレ讃岐」に行きたいという気持ちもあったのだが、交通費だけで往復2万円はもう払う余裕がなかった。近所でやっている試合を見に行こう。

J2プレーオフとは、2012年から始まった制度で、シーズン終了後に行われる。J2の1位と2位は自動的にJ1昇格となるが（2013年の場合は、ガンバ大阪とヴィッセル神戸）、3〜6位のチームはこのトーナメントを勝ち抜かないと昇格できない。2013年は、京都サンガFC、徳島ヴォルティス、ジェフユナイテッド千葉、V・ファーレン長崎の4チームが出場していた。引き分けの場合には、リーグ戦の上位のチームが勝ち上がることになっていた。ぼくが香川県にいた12月1日には、J2プレーオフの初戦が行われていて、京都サンガFCと徳島ヴォルティスが勝ち上がっていた。

このJ2プレーオフは、非常に注目を浴びていた。「天国か地獄か」という煽りがなされていて、勝ち上がった1チーム以外はJ2残留になってしまう。キャッチフレーズの通りJ2というリーグが地獄なのかは少し考える必要がある。なにせ、一週間前にみたカマタマーレ讃岐は「夢のJ2」と目標を掲げていたのだ。人によっては、J2の雰囲気のほうが好きだという人もいるくらいなのだ。

もっとも「どうしてもJ1に昇格したい」チームにとっては、この昇格プレーオフに巻き込まれることが地獄であろうし、そこで負けてしまった場合には紛れもなく地獄に落とされた気分になるのは間違いなさそうだ。

さて、この日は直前に「Jリーグ苗場支部」の集まりに顔を出していた。Jリーグ各チームのサポーターで、毎年苗場で開催されるフジロックフェスティバルに参加する人の集いだ。サポーターとして応援することと、音楽のライブに参加することの関係性について思索していた頃だったので、スケジュール的には少し慌ただしかったのだが参加してきた。

開催場所は渋谷の小さなライブハウスで、いきなり「あまちゃんのテーマ」が演奏された。そして、「FC東京サポーターの方いますか？　いたら手をあげてもらえますか？　一緒に歌いましょう！」と言って、ルパン3世のテーマが演奏された。この時ぼくは手を挙げなかった。FC東京は一番好きなチームでファンというくらいなら言っても良かったが、「サポーター」であるとはとても言えなかったのだ。小一時間ほど交流を楽しみ、奈良クラブのサポーターをしている主催者さんと少し話をして国立競技場へと向かった。

この日は指定席を買っていた。直前に「Jリーグ苗場支部」の予定が入っていたためギリギリの入場になることが予想されたためだ。どちらかのチームのゴール裏の自由席に行ってみるのもいいかとは思ったのだが、客観的に観てみるのもいいかもしれないと思い直した。京都にも徳島にも肩入れする理由は特になかったからだ。

この試合は随分とぼんやりみてしまった。どちらのチームを応援することもなく、バックスタンドの真ん中のあたりからのんびりと観戦していた。このあたりに座ると心情的にも中立的な立場で観戦することができる。試合の展開は、前半は京都が圧倒的に優勢だった。しかし、決めきることできないでいるうちに、徳島のディフェンダー千代反田《ちよたんだ》とフォワードの津田に2点を決められてしまった。後半になると徳島が守備的な戦術へとシフトしたのだろうか、京都はリズムを失ってしまったように見えた。前半の躍動がウソのように、元気がなくなってしまったのだ。

スコアは0―2のまま試合を終え、徳島がJ1への昇格を決めた。四国勢では初の快挙だった。一方で、京都はJ2に残留となった。

「天国か地獄か」という煽りメッセージへの疑義を先ほど書いたが、試合後の光景はその言葉の指し示した通りになっていた。

徳島の選手達はピッチの中央に集まり、メインスタンドへと向かって立っていた。記者やカメラマンの人だかりが出来ていて、インタビューを受けたり、写真を撮られたりしていた。一方で、京都の選手達はそこから離れた位置に呆然と立ちすくんでいた。こちら側に取材に来ている記者は数名で、閑散としていた。確かに「天国と地獄」の光景だった。

ぼくの座っている位置からは両方のゴール裏の様子がよく見えた。徳島のゴール裏は大騒ぎであった。チーム史上初のJ1昇格だ、それは嬉しいことだろう。一方で、京都の方はお通夜のようになってしまった。選手達がゴール裏に並び、コールリーダーと思われる金髪の男性が選手に拡声器を渡した。選手達とサポーターは何かを話しているようだった。「下を向かずに頑張れよ」というメッセージを込めて「京都サンガ！」

というコールが行われるのではないかとも思ったが、何事も起こらず、そのまま静かに解散していった。

京都は2年連続のプレーオフ敗退となった。失意が大き過ぎたのかもしれない。サポーターと選手は何を話していたのだろうか。「来年また出直そう」というようなポジティブなものであるといいなと思いつつ、国立競技場を後にした。


この試合は両チームにとっては非常に重要な試合で、サポーターにとっては手に汗を握る展開だったはずだ。しかし、スタンドの真ん中からどちらにも肩入れせずに観戦していた「傍観者」のぼくにとっては、あまり面白い試合ではなかった。ぼくが楽しめたのは京都の横谷繁《しげる》が躍動していた時くらいだった。どこか人ごとのようにぼんやりと眺めてしまった。

サッカーはどちらかのチームに肩入れして「応援者」となるほうが楽しめるような気もする。この日の試合は、ヘタクソな翻訳家が訳したロシア文学を読んでいるような気分だった。全く物語が頭に入ってこなかった。サッカー観戦を楽しもうと思ったら、サポーターになって、物語の登場人物になるのが一番なのかもしれない。

この試合、負けた京都にとっては地獄で、勝った徳島にとっては天国であったのだろう。しかし、天国と称されるJ1に上がったからといって、幸福が約束されているわけではない。1つ先輩のチーム、つまり2012年にJ2プレーオフを勝ち抜いた大分は、ホームで1勝も出来ないまま1年で再び降格してしまった。徳島はどこまで戦えるだろうか。

ところで、鳥取で戦っていたカマタマーレ讃岐は、アウェーの苦しい試合を0—1で制し、J2へと昇格を決めた。夢のJリーグチームになった瞬間だった。夢が叶ったのは良いことだ、大きく喜べばいいし、仲間と分かち合えばいい。大切なのは、そこで終わりにしないことだ。新しい夢を描かないといけない。

カマタマーレ讃岐が次に描く夢は何だろうか。いつか聞いてみようと思う。

J1昇格プレーオフ。
青の徳島VS紫の京都

第15節

ベガルタ仙台vsFC東京@ユアテックスタジアム仙台

東京からメリークリスマス

12月7日のJ1最終節、12月8日の入れ替え戦が終わると、各チームは冬のオフシーズンへと入っていった。ただしこれには例外があって、天皇杯で勝ち上がっている8チームにはまだ試合が残されていた。12月22日に準々決勝が日本各地で行われ、12月29日に国立競技場と日産スタジアムで準決勝が、1月1日に国立競技場で決勝が行われることになっていた。FC東京は天皇杯を勝ち上がっていたので、12月22日の準々決勝ではベガルタ仙台との試合が組まれていた。開催地は、ユアテックスタジアム仙台であった。

プロサッカーの試合がない2週間が続いた。退屈だった。思えば、初めてJリーグの観戦をした国立競技場から毎週のようにサッカーを観戦してきたのだ。

10月5日、少し雨が降っていた日だ。遠い昔のことのような気がした。ぼくがJリーグに興味を持ったきっかけは、あの時、サポーターの応援に魅力を感じたからだった。劣勢のまま進み、1―4で敗北したFC東京というチームに対して、ずっと応援し続けるサポーターの姿に心を打たれたのだ。

それが全ての始まりだった。今では、Ｊリーグのことが大好きになっていた。ライブで行われるサッカーは臨場感があり、サポーターによる応援も遠目に見ている分には間違いなく面白かった。Ｊリーグの魅力の何割かは間違いなくサポーターが作り出していた。

一方、日立台での柏レイソル戦で、ぼくはＦＣ東京サポーターにはなれないと自覚した。ＦＣ東京というチームと、その所属選手のことは好きになっていたが、例えばチームに少しでもお金を落として強化したいという気持ちまではない。それに、ぼくは自分達の選手に対して野次を飛ばしたり、レフェリーを攻撃したりするのは趣味ではないのだ。あれに参加したいとは思わない。

しかし、あの光景を外から見ていたとしたら、どう感じたのだろうか。ゴール裏の内部には心が折れたサポーターがいたかもしれないが、鹿島アントラーズの最終決戦の時のように、外から眺めていたら立派な応援に見えてたいたかもしれない。あの時感じた違和感は、ゴール裏の中心にいたからこそ感じられたものかもしれない。

サポーターであることの最大の特権は、「物語」の中に入れることではないだろうか。我が子のようにクラブを可愛がって、全力を尽くして応援し、喜びも苦しみも選手やクラブと分かち合って来た末に、初めてわかるものは間違いなくあるだろう。

各地で行われるお祭りを例にしてみるとわかりやすい。観光客としてふらっと参加したり、祭りの模様をテレビ中継で眺めたりした人が思うことと、地元の祭りが大好きで、何ヶ月も前から準備して来た人が思うことが、異なったものになるのは至極当然のことだ。

祭りを「観光」したいのか、祭りの「担い手」になりたいのか。

「担い手」の方が濃厚な体験が出来るかもしれないが、濃厚すぎて面倒なことが多いのも事実なのだ。やはり適当で気まぐれな自分には難しいかもしれない。ぼくとサポーターとの心理的な距離は開いていた。

そんな状態で迎えたのが天皇杯ベガルタ仙台戦だった。

しばらく——（とはいっても2週間だが）サッカー観戦をしていなかったのでムズムズした。試合の結果は気になるし、行けるものなら観戦しに行きたいところではあった。

しかし、仙台まで行くのは予算的に厳しい。チケット代、飲食代、交通費をいれると2万円を軽く超えてしまう。1試合のためにそんなにお金を払う感覚はぼくにはなかった。それに、金銭的な報酬がないサッカー記事ばかりを書いてきたので、家計は本格的に火の車になっていた。このあたりで財布の紐を締める必要があった。

そんなことを考えていた時、突然ニュースが飛び込んできた。

小平グラウンドでの練習中に、ルーカスが大怪我をしてしまったらしい。右脛骨骨幹部骨折で全治六ヶ月と診断された。巨大なハンマーに胸を殴られたような衝撃を受けた。

ルーカスが……あのルーカスが大怪我をしてしまったのか……

今季で引退を決めていたルーカスにとって、FC東京でのサッカーは天皇杯の試合しか残されていなかった。

勝ち続ければ元日までは一緒にサッカーが出来たし、FC東京のサポーターも選手達もみんなそのつもりであっただろう。今季のFC東京はリーグ戦の順位こそ振るわなかったが、戦力的には決して劣っているチームではない。天皇杯優勝だって十分に狙えるはずだ。天皇杯は、ルーカスと共に刻む最後の戦いだったのだ。

ぼくは、ルーカスを知ってまだ2ヶ月くらいしか経っていなかったが、多くのFC東京サポーターと同じように、ぼくもルーカスが好きになっていたのだ。ニコニコと受け答えをするルーカス、大事そうに娘さんを抱きかかえて微笑むルーカス、ピッチ上で力強く躍動するルーカス、いつの間にか大好きになっていたらしい。

しかし、FC東京のメンバーとしてサッカーをしているルーカスには二度と会えないのだ。引退を決めていた35歳の選手が、半年以上怪我で休んだ後に復帰する可能性は殆どない。

全治半年の骨折をしたルーカスはどれだけ辛い思いをしているのだろうか。苦しむルーカスと不安そうに見守るご家族のことを想像して胸が痛んだ。

ルーカスと共に戦うはずだった天皇杯。ルーカス抜きでどうするというのだ。

しかも今回はベガルタ仙台のホームスタジアムでの対戦だった。ユアテックスタジアムは、応援の声が反響し、強力なアウェーの空気を作り出されるスタジアムだと聞いていた。FC東京は仙台ではほとんど勝ったことがないらしい。駄目だ駄目だ駄目だ、このままじゃ絶対に勝てない。

そんな時、ぼくの頭の中に最初に浮かんだのは「ゆるねば」だった。この曲をルーカスに届けたくなった。

When you walk through a storm
Hold your head up high
And don't be afraid of the dark
嵐の中を歩く時には、

しっかりと前を向くんだ。暗闇を恐れるな

At the end of the storm
There's a golden sky
And the sweet silver song of a lark
嵐が通り抜けた後には、金色の空が広がっていて、
一羽のヒバリが、甘い銀色の歌声を聴かせてくれる

Walk on, through the wind
Walk on, through the rain
風に耐えて、歩き続けよ
雨に耐えて、歩き続けよ

Though your dreams be tossed and blown
たとえ、君が描いてきたいくつもの夢が、
すべて壊されてガラクタになってしまったとしても

Walk on, walk on, with hope in your heart
歩き続けよ、歩き続けるんだ

希望を胸に抱いて
And You'll never walk alone
You'll never walk alone
そうすれば、君は絶対に1人で歩くことにはならない
君は決して1人ではないんだ

ルーカスには絶対に前を向いて欲しい。そのためには、仙台の地で勝利を勝ち取る必要があった。「ゆるねば」が頭に浮かんだ後、仙台に行くことにした。ぼくが行って応援しないといけない。そうじゃないと負けてしまう。行かなければ。ぼくが出来ることは応援することだけだ。もしかしたらぼくの応援はわずかな力にしかならないかもしれない。しかし、決してマイナスにはならない。少しでも力を送ることが出来ればそれでいい。ぼくも仙台へ行こう。

それでも交通費がかさむのは確実なのでどうしたものかと思案していた。「仙台に行くことにした。けど、交通費がきついなぁ」という愚痴のような発言をＴｗｉｔｔｅｒに吐き出していると、ちょんまげ隊のツンさんから話しかけられた。

「今日夕方発の車、１つ席空いてるからお安く乗せるよ」

何と魅力的なオファーだろうか。交通費がかなり浮かせる上に、大学生観戦サークルの立ち上げに関わったというツンさんとゆっくり話すチャンスだった。

よし、ツンさんのお世話になることにしよう。これで仙台に行ける。

仙台行きを決めたぼくが最初にしたのは、雑貨店でサンタクロース帽子を買うことだった。今シーズンで最もクリスマスに近い日程に行われる試合であることもあって、FC東京のゴール裏はみんなサンタ帽子をかぶって応援することになっていたのだ。ぼくは、防寒具などの観戦用装備とサンタ帽子を鞄に詰め込んで、待ち合わせ場所へと向かった。

ちょんまげ隊一行は、22日の試合の後、宮城県で被災した方のもとにクリスマスプレゼントを届けるチャリティーを行うことになっていた。

ツンさんとちょんまげ隊は2011年以降、震災で被害を受けた東北地域の支援活動をずっと続けていた。活動内容をよく聞いてみると、震災によって壊れたインフラの復旧などの「お金」によって解決できる問題ではなく、幼くして被災し、心にダメージを負った子供達の心を「人」の力によって少しずつ癒やそうという試みのようだ。時間はかかるが、重要なことだ。家族や友人を失った悲しみが、ほんの数年で癒えるわけがない。いや、それは完全に癒やせるものではないのかもしれない。しかし、子供達に活力を与えることは出来る。夢を与えることは出来る。

ツンさんは非常に行動力のある人で、戦国時代の武将のような人だなと感じた。

圧倒的な行動力で全世界へと旅立ち、外国語を喋れないのに世界中に友達をたくさん作ってしまう。よく通る大きな声で快活に話すツンさんの周りには、常に人が集まっていた。

果たして偉人なのか、それとも変人なのかとしばし悩んでしまうような個性の人物だが、話しているうち胸中にある思いが伝わってきた。仙台へ向かう車内はとても刺激的だった。車中には、FC東京サポーターとベガルタ仙台サポーターが混在していた。良い機会なのでベガルタ仙台のこともたくさん教えてもらった。

サイドバックなのにピッチ上どこにでも現れて得点を取るという菅井直樹《なおき》のプレイスタイルには衝撃を受けた。

色々と話しているうちに仙台に着き、被災者のご家族とクリスマスパーティーをした。ツンさんはチャリティーになれていて子供と遊ぶのがとても上手だった。楽しい時間だった。そしてパーティーは終わり、ぼくらはリヴァプール戦をテレビで観戦し、その後にモロッコで開催されていたクラブワールドカップの3位決定戦、広州恒大対アトレチコ・ミネイロの試合を観た。

アトレチコ・ミネイロはロナウジーニョが所属しているチームだ。ベガルタ仙台サポーターの中には、ＡＣＬ（アジアチャンピオンズリーグ）のアウェー参戦でアジア各国に行ったことがある人もいたので、その時の話を聞かせてもらった。バンコクから9時間かかるブリーラムに行った時をはじめとして、面白い話ばかりだった。大好きなクラブと一緒に世界中を回れるのは特別な体験だと、仙台サポーターも、ＦＣ東京サポーターも口を揃えていた。ＡＣＬは、スケジュールのハードさと賞金の少なさというネガティブな側面があると同時に、Ｊリーグでトップクラスの成績を収めたクラブとそのサポーターへの最大のご褒美という側面もあるようだった。

海外サッカーのテレビ観戦を堪能した後、寝袋にくるまって就寝した。

翌朝早く、ユアテックスタジアム仙台へと車で向かった。仙台サポーターのみんなとはしばしのお別れだ。今から少しの間は敵同士なのだ。しばし車を進めると、市街地の中に突然ユアテックスタジアムが現れた。駅も近いようなので非常にアクセスが良さそうなスタジアムだ。

仙台の朝は、東京の朝よりもだいぶ寒い。しかも東京とはちょっと質が違う。その上、小雨が降っていた。

しっかりと防寒はしていたが、大丈夫だろうか。アウェー側の入場口付近に並んでいると青赤を身にまとった人で満たされていた。5000人近くいたのではないだろうか。みんな今日の試合の意味を深く噛みしめているのだろう。青赤の集団を見て、心強い気持ちになった。

ルーカス抜きでやるからには、みんなで支えないことにはどうにもならないのだ。東京の病院にいるルーカスに、勝利の報を届けたかった。ルーカスに喜んで欲しかった。ルーカスへの思いが、ぼくらの心を1つにしつつあった。ぼくはFC東京サポーターにはなれないと、強く思ったばかりであったし、その気持ちは変わっていなかった。しかし、今日は特別だ。

ぼくはルーカスのために全力で声を出す。自分がサポーターだとかサポーターじゃないとか、何年前から応援しているとか、そんなことはどうでもいい。今、ぼくは応援したいのだ。

時間になってスタジアムへと入っていった。ユアスタは、さっぱりとして綺麗なスタジアムだった。専用スタジアムなので、陸上競技用のトラックがなく、観戦しやすそうだった。最大の特徴はほぼ全席をカバーする屋根がついていたことだろうか。

ぼくは、一緒に観戦する友人達と共に東京側のゴール裏に席を取った。友人とは少し離れた席になってしまったが、話している暇などないので気にしなかった。そして、スタグルの確保に向かった。少し寒かったこともあったのでモツ煮込みとカレーうどんを買ってきた。腹が減っては、戦は出来ない。

しばらく待っていると選手が出てきた。塩田仁史《ひとし》だ。この日の先発キーパーは塩田が務めることになっていた。詳しいことは把握していなかったのだが、正キーパーの権田は調子を落としていたらしい。確かに、先日の柏レイソル戦ではクリアミスから失点してしまった。塩田に対して観客席から大きな掛け声が上がってきた。

「しおーーー！！！　頼むぞーーーーー！！！」

男性が大声で叫んでいるが、少し涙声になっていた。

今日は絶対に落とせない一戦だ。しかし、攻撃陣は正直あてにならない。大一番で点が取れる気がしないのだ。だから、守り勝つしかない。

天皇杯はトーナメント戦なので引き分けがなく、延長戦の後はＰＫで決着を付ける。そのため、塩田がすべてのシュートを止めてくれたら、勝ち上がることが出来るのだ。ぼくも大声で塩田の名前を呼んだ。すると、塩田はゴール裏の方を見ると深く頭を下げた。

ＦＣ東京のゴール裏はサンタ帽子で溢れていた。見渡す限りのサンタクロースだ。なかには可愛らしい女の子もいたが、おじさんの方がずっと多かった。サンタなのだから、おじさんでいいはずなのに異様な空間であった。もちろんぼくも、モコモコのサンタ帽子をかぶって、その一員になっていたのだ。

ベガルタ仙台のゴール裏からチャントが聞こえてきた。屋根に反響してすごい迫力になった。曲は猪木の入場曲だった。その後は、ブルーハーツの『電光石火』のメロディを使ったチャントが始まった。

ベガルタ仙台　ベガルタ仙台　俺達と勝利をつかもう
ベガルタ仙台　ベガルタ仙台　ゴールを狙って駆け抜けろ

好きな曲なので、正直ちょっと羨ましかった。ベガルタ仙台のチャントは、ぼくの趣味にぴったりであっていた。とはいえ、今日は相手側のチャントを聞いている場合ではない。ＦＣ東京サポーターによると、ユアスタでは相手の応援が凄くて最終的には押し込まれてしまうことが多いと言っていた。サポーターに出来るのは、声援で選手達の背中を押し続けることなのだ。相手の応援に押し負けるわけにはいかない。

ルカルカルカルカルカルカルカ　ルーカスゴー

文字にしてみると妙な感じがするが、ルーカスのチャントだ。

その後、平松という選手の名前がコールされた。知らない選手だった。それもそのはずだ。２００９年に水戸ホーリーホックから移籍してきた翌年、アキレス腱断裂の大怪我をした。その後はほとんど出場していない。２０１３年に公式戦に復帰したものの、トップコンディションにはほど遠かったらしい。平松は結局ルーカスと一緒に引退することになった。ぼくはルーカスとの「物語」には何とか参加できたが、平松についてはよくわからないままになってしまった。

選手名がコールされ、「ゆるねば」の合唱が響いた。この時、みんなルーカスのことを思い浮かべていたのではないだろうか。今日はルーカスのための決戦だ。ルーカスは１人ではない。ピッチで戦う選手達も１人ではない。そして、応援する我々も１人ではない。「俺達」は勝利を求めて１つの塊になりつつあった。そんな時、サポーターが歌い始めたのはこんな曲だった。

私からメリークリスマス　東京からメリークリスマス
東京ガス is coming to town

聞こえてくるでしょ　歌声がすぐそこに
東京ガス is coming to town
ラララララララ　ラララララララ
ラララララララ　ララララララララ　Hey!

ＦＣ東京は元々東京ガスのサッカー部から発展したチームなので、その名残で古くからあるチャントには「東京ガス」が歌詞に登場する。もちろん原曲は「サンタが町にやってくる」だ。イベント的な試合では徹底的にふざけ倒すのがＦＣ東京の流儀なのだ。聞いたところによると、２０１２年元日の天皇杯決勝では、ゴール裏で胴揚げが行われたらしい。

その後、ＦＣ東京のゴール裏は選手の名前を次々とコールしていった。徳永、ヒョンス、森重、宏介、秀人、米本、東、アーリア、ネマ、千真《かずま》、塩田。そして、監督のポポビッチ。最後にもういっちょ塩田のコールだ。この日のゴールは守護神塩田にかかっているのだ。

ラーラー　ラララララー　ラーラーラーラー
カップを奪い取れ　掲げよ東京

次に始まった曲は、カップ戦の定番のようだ。ウェットなメロディラインと激しく勇ましい言葉は、この日の決戦にふさわしい。ぼくもすぐに覚えて大声で歌った。この日は、チャントの音量が一段と大きかった。普段は腕組みして黙っているような人も、この日こそはと大声で歌っていたのだろう。

そして、運命の一戦が始まった。

試合が始まって、数分が経った。塩田にボールが渡った時のことだった。何と塩田がキックミスをしてしまったのだ。大舞台で緊張したのだろうか。蹴り損なったボールはボテボテと転がっていって仙台の選手の前に落ちた。カウンターアタックへの絶好のアシストになってしまった。ボールはフォワードのウィルソンへと繋がり、右サイドの太田へ渡った。太田がクロスを上げると、仙台の背番号10、梁勇基《りゃん・よんぎ》がシュートした。これを塩田が辛くも止めるがボールがこぼれていった。これを相手に拾われて、最後にはウィルソンにボレーシュートを決められてしまった。

ゴール前でこれだけ好き勝手にやられるとどうしようもない。開始3分で失点をしてしまった。しかも、頼りにしていた塩田のミスから失点が生まれてしまった。FC東京には大黒柱のルーカスがいない上に、敵地での戦いなのだ。

考えうる限り最悪の立ち上がりだ。「何やってるんだよ……」とぼやいて野次を言う人が出てきてもおかしくない展開であった。しかし、この日は違っていた。日立台での柏レイソル戦がウソのように、「俺達東京」は団結していた。1失点したくらいで塩田への信頼は揺らぐことはなかった。

悔しさを一番噛みしめているのは塩田本人のはずだ。ぼく達に出来ることは、これ以上失点をしないよう応援することだけだ。その気持ちが伝わったのか、塩田は鬼神となった。ミスから失点してしまった後、塩田はありとあらゆるシュートを止め続けた。

前後半を通じて、仙台のシュートはほとんどゴールの枠を捉えることが出来なかった。ゴール裏で応援している立場からすると、塩田の念力がボールの軌道を逸らしているようにしか見えなかった。もしかしたら、ディフェンスのプレッシャーが効いているのかもしれないし、仙台の選手が自滅していたのかもしれない。そんな理屈はどうでもいい。鬼神と化した塩田から追加点を取ることはメッシであろうがクリスティアーノ・ロナウドだろうが不可能だ。あの時、俺達のゴールキーパーは世界最強だったのだ。負ける気がしなくなった。塩田はこの後絶対に失点はしない。どんなシュートも止めてくれるだろう。

後は点を取るだけだ。

それゆけ　俺達の東京
勝利を目指して　ゴールを狙え

ＦＣ東京としては何としても1点を取り返さなければならなかった。

例によってゴール前で攻めあぐね、なかなかチャンスらしいチャンスは作れなかったのだが、太田宏介《こうすけ》のＦＫだけには期待することが出来た。27分に少し遠目の位置でＦＫのチャンスを得ると、ふわりとした球を蹴り、バウンドしてキーパーの前に転がっていった。そこに渡邊千真《かずま》が突っ込んでヘディングをしたが、惜しくも枠を捉えることが出来なかった。38分にもＦＫを得て、今度は直接狙った。しかし、クロスバーの上に逸れてしまった。

流れの中では点が取れる望みは薄いので、太田のＦＫが決まらないと苦しい。しかし、落胆している暇はない。

バモバモバモ　東京
バモバモバモ　東京
この気持ち止まらないぜ
オオオオオオ　オオオオオオ　オオオオオオ　東京

前半終了間際にカウンターを仕掛け、長谷川アーリアジャスールからネマニャ・ヴチチェヴィッチへと繋ぎクロスを上げたシーンは惜しかった。しかし、惜しいシーンを作っても、そう簡単には決められないのがFC東京の現状だった。前半終了の笛が吹かれた後……

シュートうて！　シュートうて！　シュートうて！　シュートうて！

のコールが上がり、その直後にルーカスのチャントが歌われた。この日はどういう一戦だか忘れるな。絶対に勝て。サポーターのメッセージは選手に伝わったはずだ。ハーフタイムはサポーターにとっても休憩時間だ。全力で応援するのは非常に疲れるのだ。

後半が始まり、しばらくするとネマに代わって石川直宏《なおひろ》が出場した。

ナナナナーナーナナナナ　石川ナーオー
ナナナナーナーナナナナ　ナオゴール

石川直宏なら強引に相手のディフェンスを打ち崩してしてくれるかもしれない。俺達東京に必要なのは、上品に組み立てることではない。力尽くで打ち崩すことだ。石川は、サポーターの祈るような気持ちを託せる選手の1人だ。ＦＣ東京のサポーターは、顔に「負けるのが大嫌い」と書いてあるような選手が大好きなのだ。攻撃陣も後半はだいぶエンジンがかかってきた。

オー　俺の東京　誇りを持ち
立ち上がってみんなで歌おう
ララーララーララーララララーラー

渡邊がベンチへ下がり、平山相太《そうた》が登場した。直後、石川が右サイドを突破してクロスを上げた。中には平山が待ち構えていた。残念ながらシュートには至らなかったが、得点の期待が少し高まった。一方で、残り時間は刻一刻と削られていった。1点取らないことには敗退が決まってしまう。一瞬、嫌な予感がよぎった。しかし、それを打ち消すように大声で歌った。歌いながらも、選手がボールを持つ度に反射的に叫んでしまうこともあった。

「ヨネー‼」

「ナーーーオーーー！！」

「ヒラヤマーーー！！！」

初めて観戦した頃は選手の識別が出来なかったのだが、この頃にはＦＣ東京の選手ならかなり遠くてもフォルムでわかるようになっていた。

おお　俺の東京
今日も行こうぜ勝利目指し
行け行けよ　東京
いつも俺らがついてるぜ
誰が何と言おうと　まわりを気にするな
自分を信じていれば　勝利はついてくる

残り時間は約5分とアディショナルタイムであった。その時、ポポビッチ監督は3枚目のカードを切った。東慶吾《けいご》に代えて、林容平《ようへい》を投入した。知らない選手だった。守りを固めながらも仙台の攻撃は強烈で、しっかりとカウンターを出してきていた。カウンターをもらう度に背筋が凍った。そんな中、右サイドを突破した徳永がクロスを上げた。これを誰かが落として、石川が強烈なシュートを打ち込んだ。しかし、ディフェンスに弾かれてしまった。そこに高橋が詰めていって、もう1本ミドルシュートを打つが、芯を外してしまった。もう、時間がない——焦る気持ちが生まれてくるが、サポーターに出来るのはただ声援を送り続けることだけだった。

1点を取るのだ。何としても1点を取らなければならない。そうじゃないと……いや、今日のFC東京ならきっとやってくれるはずだ。

しかし、仙台にとっても絶対に負けたくない試合なのだ。負ければ長年チームを率いてきた手倉森監督のラストゲームになってしまう。隙を突かれ、カウンターからピンチを迎えた。ペナルティエリア内に侵入を許してしまったのだ。徳永が必死に身体を当てて対処した。笛を吹かれる——すなわちPKを与えるのではないかとヒヤヒヤしたが、何とか守り切った。1点ビハインドのまま、試合はアディショナルタイムに突入していった。

もう時間がないため中盤のパスワークは省略だ。塩田がロングフィードを一気に前線に蹴り込んだ。これを平山が競り勝ってアーリアへ落とした。絶好のチャンスになったかと思いきや、判定はオフサイド。残された時間はわずかだ。

やはり、ぼくに出来るのは大声で応援することだけなのだ。いつの間にか、両手を激しく振り回しながら跳ね回っている自分がいた。恥ずかしいとか、ノリがわからないとか、そんなことを言っている暇はないのだ。少しでも大きな声を出して、少しでも身体を動かして応援する以外に出来ることは何もない。

残り時間が1分程度になった頃、センターバックのチャン・ヒョンスがロングキックを蹴り、これにも平山が競り勝った。落としたボールを途中出場した林が拾ってキープした。そこにディフェンダーがボールを奪いに来たのだが、これがファールになった。残り時間はほぼゼロだ。最後の最後で直接フリーキックのチャンスが巡ってきた。

キッカーには石川と太田が立っていたが、蹴るのは恐らく太田だろう。残りのメンバーが壁を作っていると、塩田が後ろから走ってくるのが見えた。最後の攻撃だからキーパーも攻撃に参加するのかとも思ったが、壁に何かを指示した後、自陣へと戻ってしまった。後でわかったのだが、キッカーの蹴るところを相手キーパーから見えないように壁の配置を指示していたらしい。

そして、太田がゆっくりと動き出し、シュートを蹴り込んだ。
そのボールがゴールに届くまでに何十秒もかかったような気がした。時間が凍り付いていた。ボールは、壁を越え、鋭く曲がりながらゴールに吸い込まれて行った。

「やったー!! やったー!! やったー!!」

反射的に叫んでしまった。周囲の人も喜びを爆発させていた。ぼくは周囲にいる知らない人と力強くハイタッチをして回った。みんな苦しかった。怖かったし、焦っていた。でも、我慢して、力の限り応援していたのだ。

東京ラララララ　ラララララ　ララララララララララ
わっしょい　わっしょい
ラララララ　ララララララ　ラララララララ
イエーイ!!!

土壇場でようやく追いついた。試合開始3分で失点してから約90分間、無得点だったのだ。これで同点、試合は延長戦に突入しようとしていた。

オレーオレーオレーオレーオレオ　東京

立ち上がれ　飛び跳ねろ
今日は負けられない日だ
跳べ叫べ　俺の東京

延長戦前に「コーヒールンバ」のチャントが出た頃には、負ける気がしなくなっていた。

ＦＣ東京のゴールは塩田が守っているのだ。最悪ＰＫになっても必ず勝てるという自信があった。苦しい展開を経て、サポーターは強い自信を獲得していた。逆に、ベガルタ仙台のサポーターにとっては失意の大きい瞬間だっただろう。あのフリーキックを止めていれば勝利が確定していたのだ。流れは俺達東京に来ていた。「東京からメリークリスマス」の曲を歌い、「Hey Jude」を歌った。その後、始まった曲が印象に残った。

バモバモ　エルシクロン
バモバモ　東京
カップは頂き
俺たちゃ無敵の東京

エルシクロンがうまく聞き取れなかったし、何の意味かもよくわからなかったが、細かいことはどうでもいい。俺達は無敵の東京だ。ここまできたら絶対に勝てる。力強い「塩田コール」が巻き起こり、「この気持ち止まらないぜ」のバモバモ東京が始まった。そして、「東京ラプソディ」の一節を歌った。

楽しい都　恋の都
夢のパラダイスよ　華の東京

調べてみると随分古い曲のようだが、東京という街に対する素直で肯定的な歌だ。この曲を聴くと、得体の知れない複雑な気持ちになった。生まれ育った土地への思い、ルーカスへの思い、共に戦うＦＣ東京の選手とサポーター達との一体感、鬼神と化した塩田、太田のフリーキック、色々なものがぐちゃぐちゃに混ざっていった。

この感情を一言で説明すると、「涙が止まらなくなるような気持ち」としか言いようがない。目には涙が溜まっていて、時折流れ落ちていった。この気持ち、止まらないぜ。

そして、延長戦が始まった。

バモス東京　バモス東京　バモス東京
東京こそすべて　俺らを熱くする
情熱をぶつけろ　優勝をつかみ取れ

東京こそすべて。東京こそすべて。東京こそすべて。

何度も何度も口に出していると、涙が止まらなくなっていった。

こんなに美しい言葉は聞いたことがなかった。生まれ育った土地が、ぼくのすべてなのだ。理屈はよくわからない。しかし、妙に納得した。東京こそすべてなのだ。

延長戦の展開は、心臓が何個あっても足りないくらい恐ろしくスリルのある展開だった。コーナーキックのチャンスと思うと次の瞬間にはカウンターを喰らっている。万一これを決められてしまったら負けてしまう。恐怖のカウンターだ。しかし、守っているのは塩田だ。ベガルタ仙台が絶好の位置でフリーキックのチャンスを得てゴールの右上へ、見事なシュートが飛んでいった。しかし、東京の守護神はシュートを弾き出した。

攻めては守り、守っては攻めの展開が続いた。

濃厚かつ恐ろしい15分が過ぎ去り、延長戦は後半に突入した。

後半に入ると、仙台のキープレイヤーである梁がベンチに下がった。これは少し楽になったかと思いきや、代わりに入った佐々木勇人《はやと》がやっかいな選手であった。小柄なドリブラーで、疲労していた東京のディフェンス陣は見事に振り回されてしまった。嫌な予感がした。案の定、佐々木のドリブルから崩されて、富田へとパスが繋がった。そこから、綺麗にクロスが上がった。そのボールに途中出場の松下が入り込んできてヘディングで合わせた。しかし、これを塩田が止めた。スーパーセーブだ。

「しーーーーーーおーーーーーーーー!」

ボロボロと涙を流しながら叫んでいた。

その後、石川の突破などから何度もチャンスを作るが、なかなか得点には結びつかない。どちらが勝つのか、全く予想がつかない熱戦が続いていた。しかし、勝つのは東京だ。

一瞬たりとも油断することは出来ない。と思っていると、東京のディフェンス陣がキーパーの塩田にバックパスを戻した。そこへ仙台のFWが猛烈に詰めてきた。これは辛くもサイドにクリアすることができた。

残り時間が5分を切った頃、仙台のクロスを森重が防ぎ、弾いたボールを石川が受けて1人でカウンターを仕掛けた。スピードスターの真骨頂だ。

石川なら、この状況を必ず打破してくれるはずだ。疲れていようが、身体が痛もうが、足が折れようが、渾身の力を込めて駆け抜けてくれることだろう。しかし、長い距離を走り抜けた後、ファールを受けて止められてしまった。もっともこれが、良い位置でフリーキックのチャンスになった。キッカーはもちろん太田だ。フワリとしたボールを蹴り込むと、そこに森重か平山かわからなかったが、ヘディングを合わせた。これは決まったかと思い、「うおーーーー!!」と絶叫した。しかし、ゴールポストに阻まれてしまった。

FC東京のチャンスは続く。今度は平山がサイドを突破していった。真ん中で待っているだけの長身FWではないらしい。クロスをあげたところに林が待っていたが、シュートまではいけない。いつも通りの攻めきれない我慢の展開だ。そんな時でも、頼れる男、徳永が中盤でボールを粘り強くキープし、前線へと繋いでいった。

それはもうすぐ延長後半が終わろうとしている頃だった。

俺達東京は、大声で歌い続けていた。野次を飛ばす者など誰もいなかった。情熱を込めて、チームの背中を押し続けた。それを120分以上も続けて来た。俺達の情熱は確かに何かを引き起こしたのだ。

中盤で米本がボールを持つと、ディフェンスラインの裏へと抜けるパスを出した。そこに石川が走り込んだ。そのまま縦に抜けきって、グラウンダーのボールを横に流した。そこに平山が走り込んだが、ボールを捉えることが出来なかった。しかし、石川の突破にあわせて、ゴール前に走り込んでいる男がもう1人いた。次の瞬間、林が滑り込むようにボールを押し込んだ。

その時、この世に存在する何もかもが弾けて飛んでいった。サポーターは両手を挙げて大絶叫した。FC東京の選手達も弾けたように走り出した。

「おおおおおおおおおおおおおお！！！」

「決まった!!」

「シュートが入ったーーー！！！」

極限状況では、あまり気の利いたことは言えない。感情の赴くまま、大声で叫んだ。

俺達東京はついに逆転したのだ。前半3分の失点以来、長い道のりだった。しかし、俺達の心は決して折れることはなかった。最後の最後まで戦い続けた。選手達もそれに答えてくれた。

最高に気持ちいい「わっしょいわっしょい」を2連発で歌った後、ベガルタ仙台の最後の攻撃が始まった。「まだ試合終わっていないぞー!!　集中!!」誰かが叫んだ。そして俺達は「東京からメリークリスマス」を歌い始めた。

追い詰められたベガルタ仙台は最後のギャンブルに出た。ショットガンだ。特攻攻撃に出たのだ。ハーフライン際に何人も選手が並び、開始早々に前線まで全力で走っていった。ボールは一度ゴールキーパーまで戻され、ロングボールを前線に蹴り込まれた

この攻撃を無事に防ぐと、試合終了の笛が吹かれた。

あの時、みんな同じ気持ちになっていた。東京こそすべてであり、その東京が苦戦の末に勝利したのだ。

最高の気分だった。

ぼくは隣にいた可愛らしい女の子と抱き合って喜んだ……というのはウソで、その子は彼氏らしき男性と抱き合っていた。歓喜の場面で、略奪愛をするわけにはいかない。そんな無粋は江戸っ子の所行ではない。

そこで逆側を見ると、号泣して顔面が崩れているおじさんと目が合った。ぼくらは自然と歩み寄って深く抱きしめ合った。ぼくの顔も涙でグチャグチャになっていた。おじさんはサンタクロースの帽子をかぶっていた。ぼくも赤いサンタクロースの帽子をかぶっていた。2人は耳元でささやき合った。

「勝ちましたね……」

「勝ったね……やったね……」

おじさんと別れると、ぼくは少し離れた席で応援していた友人達の元に向かった。

その途中、3人のサンタクロース帽子のおじさんとハイタッチし、抱き合って喜んだ。無理もない。この喜びを、この感動を、心の全てが東京で満たされた幸福を、誰かと分かち合いたいに決まっている。ぼくで良ければ何度でも胸を貸そうではないか。ようやく友人のところに辿り着き、勝利を喜びあった。

「ワハハハハ、今日の勝利はぼくの手柄だよ!! ぼくがわざわざ仙台まで来たから勝てたのだ!!」

「ありがとうーーー!」

自分のおかげで勝ったという根拠のない自慢と、それに何の疑いもなく感謝の気持ちを表す仲間。他人を疑うような気持ちは、誰の心にも生まれなかった。

あの時、俺達東京の心は1つになっていたのだ。隣の誰かの喜びは自分の喜びであった。自分の喜びも周囲の人に伝わっていった。あの時はとてもピュアな存在でいることが出来た。ここにいる全ての人が、愛おしくも頼もしい最高の仲間になった。

東京の選手達が、ゴール裏前方へと集まってきた。誰かがサンタ帽子を投げた。みんなそれに続いた。勇者達は帽子を拾い、肩を組んだ。そして、この日を象徴した「東京からメリークリスマス」の曲に合わせてラインダンスを始めた。みんな楽しそうな顔をして大声で歌に参加していた。太田宏はウサギのかぶり物をしていたのだが、普段着にしても違和感がないほど似合っていた。頭一つ高い平山は何故かトナカイのかぶり物をしていた。こちらもあつらえたように似合っていた。

その後、得点を決めた選手が「オーーーー、シャーシャーシャー」と勝利を祝う儀式が始まった。これは勝利した時にやるものらしい。FC東京の試合で、それを見るのは初めてだった。

もういくつ寝ると　お正月
お正月には国立で　青赤軍団　荒れ狂う
早く来い来い　お正月

あと一つ勝てば、決勝だ。次の試合の開催地は東京の国立競技場だ。地の利は俺達にある。勝てないわけがない。今日の勝利をルーカスに捧げるという思いで、ルーカスのチャントを歌うと、ラッパの音が響いた。それに続いて始まった曲は「ロマンチックあげるよ」だった。これは初期のドラゴンボールのエンディングテーマだった曲だ。何もかもが気持ちいい。

戦いを終えると、急に寒さを感じるようになった。夕方になり、気温はぐっと下がった。試合後、早々に仙台を去らなければならず、慌てて駆け込んだ新幹線の中でビールと牛タン弁当を食した。最高の味だ。最高の試合の後でしか味わえないものだ。一人でビールを飲みながら、試合のことを何度も何度も思い出した。そして、小声でチャントを歌った。

「カップは……頂き……俺たちゃ無敵の東京……」

「東京こそすべて……俺らを熱くする……情熱をぶつけろ……」

「楽しい都……恋の都……夢のパラダイスよ……華の東京……」

そうこうしているうちに新幹線はあっという間に東京駅に着いた。おお、我が街東京よ。広くて複雑な駅だが、ここでは絶対に迷うことはない。隅々まで知り尽くしたマイホームだ。

ところで、「東京からメリークリスマス」の曲だが、ぼくは聞き間違いをしていたらしい。

「東京ガス is coming to town」の「to town」を「gyu–tangue（牛タン）」だと思っていたのだ。仙台のアウェーに来ることと、名物の牛タンを掛けているのかと思ったのだ。うまいこと言うなと思いながら、1試合を通じて歌い続けてしまった。

後でそのことが発覚して赤面することになったのだが、こっちの方がFC東京らしいような気がするので、次回からは是非こちらを採用して頂きたい。クリスマスに仙台で試合するのは何年後になるかはわからないが。応援し続けていれば、いつかその時が訪れるかもしれない。

国内有数のスタジアムと評価されるユアスタ（上）に、ホームチーム（中）とサンタ帽チーム（下）があいまみえた

第16節

FC東京vsサンフレッチェ広島@国立霞ヶ丘競技場

俺たちの失敗――人はいつサポーターになるのか

12月29日、天皇杯準決勝が国立競技場で行われた。

対戦カードは、FC東京対サンフレッチェ広島であった。広島は、J1を2連覇したチームである。紛れもない強豪だ。一方、FC東京は相変わらず頼りないイメージが抜けなかったが、あの仙台での死闘をくぐり抜けて来たのだ。ここを勝ち抜けば決勝に行くことが出来る。

FC東京はカップ戦の決勝では負けたことがないチームらしい。タイトルがかかった重要な試合では、サポーターと選手達が一致団結して実力以上が出せるのだ。お祭りには全力を出すのが東京という街の流儀だ。文化祭は俺達の青春なのだ。

せっかくの大一番が国立競技場で開催されるので、今回は友人・知人を誘ってみた。結局、バスケットボール仲間、主催している読書会「ねこじたブックカフェ」の参加者、地元の飲み仲間、サッカー仲間、関西の大学生観戦サークル「tifosi」からも2名、そして我が家の1歳児と妻という合計14名の大所帯になった。

これだけいると座席を確保するのも大変そうだが、自信があった。だいぶコツがわかってきたのだ。実際のところ、開場時刻の2時間前から並び、ゴール裏の一番端のあたりに席を確保することが出来た。このあたりはあまり人気のある席ではないのだが、応援の熱気を強く浴びながらも、のんびり座って観戦することができる位置だし、座席が確保しやすい位置でもあるのでぼくは気に入っている。気持ちの良い快晴だったので、それほど寒くはなかったのだが、代わりにきつい西日に悩まされることになった。座席の位置によって日当たりが悪くて寒かったり、眩しくて試合が見づらかったりと、屋外スポーツはなかなか大変だ。

座席に着くと、ビールと食べ物を仕入れに行った。国立競技場のスタグルはあまり上質とは言えない。給食に出てきたようなカサカサのコッペパンにツルリとしたソーセージを挟んだものが400円もした。こんなことなら何か買ってくれば良かったと後悔したが、これだけの大所帯だと、おやつの物々交換をしているだけで結構楽しむことが出来た。ぼくも水筒に詰めてきたホットココアを振る舞った。うららかな陽気の下、国立競技場の観客席でのピクニックはとても気分が良かった。

この日の先発ゴールキーパーは前回に続いて塩田が務めることになっていた。塩田なら必ずゴールを守ってくれるという期待感、いや安心感があった。

もちろん、権田が悪いわけではないし、ロンドンオリンピックでは応援していた選手でもあったし、好きな選手だ。しかし、仙台での試合の直後ではやはり塩田が入るべきだろう。キーパー練習で塩田と権田が出てくると、例によってサポーター達が「しおー！」と叫んでいた。しかし、ぼくは首を捻った。ゴール裏の「中心地」に座っていなかったこともあるのかもしれないが、あの時のような熱気は感じられなかった。仙台のユアスタではサポーター達から薄暗い情念すら感じたのに。激戦を勝ち抜き、国立競技場へと戻ってきたことで、どことなく満足しているような空気があったのかもしれない。といっても、ここはホームスタジアムとしても使用することがある「俺達の国立」なのだ。やはり、地の利はこちらにある。

さて、この試合について後から書こうと思っても、この試合の見所がどこにあったのか思い出すのが困難なのだ。そのくらい地味な試合であった。FC東京は今まで見たことがない守備的なフォーメーションを取っていた。最終ラインには5人の選手が並び、重厚な守備ブロックを形成した。そうしないと広島の攻撃を防ぐことが出来ないという判断だったのだろうか。

対する広島の攻撃にもいまいち覇気が感じられなかった。もちろん、FC東京の堅い守りが機能していたのかもしれないが、観客席から眺めている印象としては「みんな疲れてしまったのかな?」であった。

無理もない話ではあった。広島はACL(アジアチャンピオンリーグ)に出場し、海外遠征をして試合をしなければならなかった。また、リーグ戦も最終節まで優勝争いを続けた。さらに、年末のさらに天皇杯の準決勝まで勝ち上がってきているのだ。他のどのチームよりも疲れていることだろう。

「守備的なチーム」対「疲れたチーム」の戦いは、それなりに見せ場があったような気もするが、詳しい内容を全く覚えていない。今日はみんなにJリーグを楽しんでもらう日にしようと思っていたのだが、とても「当たり」とは言えない試合だった。

「当たり」の試合とは言えなかったが、チャントには興味を持ってくれた人が多かった。BGMに邪魔されていまいちではあったが「ゆるねば」はやはり印象的だったし、「この気持ち止まらないぜ」のバモバモ東京もなかなかの好評であった。

また、ブーイングに対して驚いている人もいた。スポーツの試合でブーイングをするとは思わなかったとのことだった。日本では礼に始まり、礼に終わる「武道」の精神が強くあるため、ブーイングは潔くないとされることがあるが、それは世界的なスタンダードとは言えない。相手の注目選手に対してブーイングをするのは、興行として盛り上げるには有効なことだと説明した。

スタジアムでサッカー観戦するのは初めてというバスケ仲間の感想も興味深かった。彼女の腕前はセミプロ級で、10センチ以上大きいぼくを軽々と吹っ飛ばすような選手だ。彼女は、「ポストに入れた。あ、こうやって崩すのね。バスケと一緒だ！」とか、「なんでサッカー選手ってこんなに転ぶの？」などと言っていた。普段からサッカーを観戦している人からはなかなか出ない感想だ。

ところで、サッカー選手は何故あんなにも転ぶのか。そして、なぜ起きあがらないのか。バスケで選手が転んだまま起き上がらなかったら、それは「重大な怪我」である可能性があるため、敵も味方も真っ青になる。しかし、サッカー選手の場合には、少し経つと何事もなかったかのように走り始めることもある。片足立ちで蹴ったり、空中で頭を使って競ったりするために姿勢が安定せずに転びやすいこと、持久系のスポーツなので疲れてしばらく起き上がれないこと、人数が多いので1人くらい転んでいても大勢に影響がないことなどを伝えたが、正しい説明だったのかどうか。何にせよ、別のスポーツをしている人、あるいは観戦している人の意見が刺激になることは確かだ。物事の本質は、比較することによって浮き彫りになっていく。

野球観戦はしたことがあるが、サッカー観戦は初めてという友人は、ビールの売り子が少なすぎてあてが外れたようだ。

野球の場合は頻繁に「休み時間」が訪れるが、サッカーの場合にはハーフタイムが一度あるだけだ。プレーも連続しているため、ゴールシーンを見逃したくなかったらビールを購入している暇などないのだ。また、その友人はあまりの寒さに驚いたと言っていた。この日は晴天だったので、それほど寒くはなかったはずなのだが、冬の屋外観戦は慣れていない人には楽ではないようだ。しかし、寒くはあったけど、彼女は人が多かったから安心して心は温かくなったと言っていた。味わい深い感想だ。

ほぼ全員に共通していたのは26,709人が詰めかけた国立競技場の雰囲気は良かったというものだった。スタジアムの熱気は、誰にとっても魅力的なのだ。我が家の1歳児も同様だ。FC東京のゴール裏をずっと眺めていた。やはり太鼓のリズムと人の歌声は、サッカーの試合そのものよりも面白いようだ。ゴール裏には、喜怒哀楽があり、生命の躍動がある。1歳児はそれを感じ取って、一生懸命に手を動かしてリズムを取っていた。

結局スコアは動かずに延長戦に突入した。序盤から守備的な戦術を選択してきたことがここで生きるかもしれない。すなわち、疲れた相手に対して反撃して仕留めることが出来るかもしれないのだ。しかし、延長戦も何が起こったのかあまり覚えていない。後で記録を見ると延長30分間で、両チーム2本ずつしかシュートを打っていなかった。やはり「当たり」とは言いがたい試合だ。

もしかしたら、平山がいれば状況は違ったかもしれない。何となく頼りなさげに見えるし、トナカイのかぶり物をしてラインダンスしていた姿が目に焼き付いて離れなくなってしまったが、彼は「国立男」と呼ばれているのだ。高校生の時から国立競技場の試合にはめっぽう強く、プロ入りした後も苦しい場面でいつもチームを救ってきたと聞いている。しかし、その平山がこんな大事な時に出場停止であった。

延長戦が進むにつれて空は徐々に暗くなっていた。ＰＫ戦に突入する頃には、夜が訪れていた。1試合のうちに昼と夕方と夜を体験することが出来たのは幸福であった。そして、時間と共に夜の景色へと移ろっていく国立競技場は、とても美しかった。

コイントスの結果、ＦＣ東京が先攻、広島は後攻となった。サッカーでのＰＫ戦はホーム側、つまりＦＣ東京サポーターが待ち構えるゴールで行われるようだ。こっちは大観衆を背負ったホームだ。どうにも見所のない試合であったが、うまく広島の良さを消してここまで粘ってきたのだ。この間のようなドラマチックな試合もあるが、こういう地味な試合もある。最後に勝ってくれればとりあえず良しとしよう。広島のゴールキーパーは西川周作《しゅうさく》、日本代表だ。確かに手強い相手ではあるが、こっちは、塩田がいる。勝つのは東京だ。ＰＫ戦を軽く片付けて、元日には再び国立競技場に来るのだ。ぼく達に出来ることは、守護神塩田を鼓舞することだけだ。塩田なら必ず止めてくれるはずだ。仙台では、全部止めてくれたではないか。今回だってきっと大丈夫だ。

塩田！　塩田！　塩田！　塩田！

塩田コールが鳴り響き、先攻のＦＣ東京は、最初のキッカーは太田だ。軽々シュートを決めた。広島の1本目のキッカーは青山だったが、このシュートを塩田が見事に止めてくれた。1―0、ＦＣ東京は1点リードした。ＰＫ戦はシュートが高確率で決まるため、心理的にも非常に有利になった。2本目は森重と水本が互いに決め、2―1。3本目、ＦＣ東京は韓国代表のチャン・ヒョンスがソフトタッチのシュートを決めた。

そして広島のキッカーは、ムードメーカーであり守備の要でもある千葉。このシュートがバーの上を越えていった。これで3—1だ。

FC東京としては、後1本決めるか、止めるかすれば勝利を決めることが出来る。一方広島は、すべてのシュートを止め、すべてのシュートを決めなければならない。4本目、FC東京のキッカーは、アザラシの「たまちゃん」のニックネームを持つ若手、三田であった。しかし、このシュートが見事に止められてしまった。若さが出て駆け引きに負けてしまったのかもしれない。シュートを止めたキーパーの西川が自ら4本目のキッカーになった。西川はフィールドプレイヤー顔負けのテクニックを持った選手だ。ゴールの真ん中にふわりと蹴った球が決まって、スコアは3—2。

少し追いつかれてきたとはいえ、5本目のキッカーが決めればFC東京の勝利だ。これを蹴るのは長谷川アーリアジャスールだ。ここで異変が起きた。

FC東京のゴール裏は、本来であれば勝利した後に歌うべき「お正月」の曲を歌ったのだ。勝ちを確信してのチャントであったのか、あるいは勝利の雰囲気を作って相手にプレッシャーをかけようと思ったのか。意図はわからないが、結果的にはこれが大失敗になってしまった。アーリアのシュートは止められてしまい、勝利を意識して油断したFC東京は意気消沈してしまった。

逆に、土壇場で追いついた広島の士気は一気に高まったように見えた。

FC東京のサポーターは慌てて塩田の名前をコールした。

次のシュートを塩田が止めてくれたら勝てる状況なのだ。しかし、勝利を決める前に勝利の凱歌を挙げてしまったFC東京はツケを払わされた。5本目のシュートを塩谷に決められて、サドンデスへと突入した。

スコアは3―3であったが、心理的にはFC東京が大劣勢に陥っていた。その時には薄々感づいていた。一度は掴みかけた勝利が、両手の隙間からこぼれ落ちてしまったことを。
6本目を米本が決め、広島の浅野琢磨《たくま》も決めた。東京の7本目のキッカーは石川であった。ゴールの右隅に鋭いシュートを蹴り込んだが、これを西川に弾かれてしまった。残念ながら既に流れを失ってしまったのだ。ここから押し返すことは難しい。塩田が止めてくれることを祈るしかなかった。しかし、勝利の凱歌まで歌ってしまった後ではどこか白々しい祈り方になってしまう。そして、19歳のルーキー野津田岳人《のつだがくと》が蹴ったボールがゴールに吸い込まれていった。

西川周作　オーオーオー
西川周作　オーオオ　オー

広島の守護神を讃えるチャントが高らかに歌われる中、俺達の東京の敗退が決まった。

我々は浮かれてしまったのだ。もう勝ったと思ってしまったのだ。勝利に徹するなら、最後の最後の瞬間まで気を抜いてはいけなかったのだ。

とはいえ、相手を小馬鹿にしてからかいながら「トムソーヤ的いたずらっ子」として、ここまで勝ち抜いてきたチームなのだ。起こるべくして起きたことかもしれない。俺達東京は、調子に乗りすぎて怒鳴られ、シュンとしてしまった磯野カツオのようになった。

王者広島をあと一歩のところまで追い詰めたのだ。あとちょっとで勝つことが出来たはずだ。でも、負けてしまった。FC東京のシーズンはこれでおしまい。悔しいが、天皇杯優勝もなしだ。どうすることも出来ない。ぼくは、一行を引き連れて信濃町までとぼとぼ歩き、チェーン店の居酒屋に入った。何とも悔しい試合だったのでやけ酒でも飲みたいところではあったが、家族もいるのでそうはいかない。しばしサッカー談義をして、テーブルでお会計を済ませ、廊下に出た。そして、呟いた。

「しかし、あそこから負けるなよなぁ……PKで3—1まで行って、そこから負ける方が難しいだろぉ……あーーーー悔しい！！！」

その瞬間、隣の部屋から1人のご婦人が顔を出して「今日はごめんねー、オホホ」と話しかけてきた。

彼女は、サンフレッチェ広島のチームカラーである紫色のユニフォームを着ていた。「オホホじゃないよ」と思いつつも、今日の試合についてしばし話をした。

今回の天皇杯を観戦するために広島から来ていて、元日の決勝にも行くことになったため宿泊日程を延ばさなければいけないとのことだった。お子さんもいたようなので、なかなか大変だ。明暗は分かれたが、同じJリーグファン同士だ。すぐに意気投合して立ち話をした。するとこんな質問を受けた。

「今日は権田が出ていなかったけど、怪我ですか？」

そうか、他のチームのサポーターは、ずっと控えをしていた塩田のことを知らないのだ。

「今日出場していたのは塩田というキーパーです。他のチームにいけばスタメンになれるような実力がある選手なのですが、タイミング悪く病気をしたり、若手の権田が加入したりで、ずっとセカンドキーパーをしていました。けど、コーチングには定評があるし、サポーターからも強く支持されている選手です。FC東京の魂のような選手で、サポーターからは強く支持されています。その塩田が、土壇場で権田からポジションを奪い返しました。塩田が出場すると、ぼくらの気持ちは1つにまとまって……1つ前のベガルタ仙台戦では……塩田の活躍で……勝つことが出来て……」

途中から何かが込み上げて来てうまく話せなくなってしまった。ぼくは、塩田やFC東京を知ってから数十日しか経っていない。しかし、ぼくはFC東京という物語に、いつ間にか組み込まれていた。


人はいつサポーターになるのか。

初めて観戦した時か、衝撃的なゴールを見た時か、憧れの選手に出会った時なのか。

何年チームを追い続けていたらサポーターと名乗ることが出来るのか。

あるいは条件があるだろうか。どのくらい負担をしてチームを支えたらいいのか。

ホームスタジアムで全試合観戦することか、あるいはアウェーにも応援に行くことか、多額のお金を寄付することだろうか。

人によって基準はあるのかもしれないが、統一された定義は存在していない。

大切なのは、クラブの歴史と共に紡がれていく物語に組み込まれることなのだろう。

すなわち、「俺たちのクラブ」という物語の登場人物の一人になることだ。

1つのクラブに忠誠を誓う必要はない、複数のチームのサポーターだっていいと思う。途中で支持するチームを変えたっていいはずだ。宗教や国籍だって変えることが出来るのだから、支持するサッカークラブくらい気軽に変えてもいい。

ぼくだって、生涯の忠誠までは誓うことは出来ない。どういうスタイルで支持していくのかは、自分で決めることであって、他人が決めることではない。サポーターとは個人の生き様だ。

いつからだったのだろうか。初めて観戦した日、惨敗するFC東京を観た時だろうか。

太田宏介の目の覚めるようなＦＫを観たアルビレックス新潟戦だろうか。
日立台で怒りを覚えた時だろうか。
ルーカスの怪我を知った時だろうか。
サンタ帽子をかぶって１２０分間応援し続けた時だろうか。
それとも、広島サポーターのご婦人に塩田仁史について説明した時だろうか。
いつの間にか、ぼくはＦＣ東京のサポーターになっていた。

すべてのサッカーファンに親しまれたコクリツ。
空のあるスタジアムは美しい…

第17節

横浜F・マリノスvsサンフレッチェ広島@国立霞ヶ丘競技場

応援する者の物語と、応援される者の物語

元日。天皇杯決勝の前に、国立競技場のすぐ隣にあるコートでフットサルをしてきた。ぼくはFC東京、高橋秀人《ひでと》のユニフォームを着て参加した。これまでは、レアル・マドリードにいたときのエジル、あるいはインテルのサネッティのユニフォームを着ていたのだが、心境が変化したのだ。

今回参加したのは「ちょんまげチャリティフットサル」というイベントであった。主催者は仙台に連れていってくれたちょんまげ隊のツンさんだ。50人以上が参加していたのだが、半分くらいはどこかで会った人だった。出会った場所は、スタジアムの観客席やサッカー仲間の集いなど様々であった。いつの間にかぼくの周りにはサッカー仲間だらけになっていた。

思えば、かつては孤独だった。ずっとサッカーの話をする仲間が欲しかったのだ。感覚的でもいいし主観的でもいい。誰かと熱くサッカーの話がしたかった。今、ぼくの願いは叶った。どこへ行っても、サッカー仲間と語り合うことが出来る。

「ちょんまげフットサル」では、得点した選手は「かぶり物」をするという特別ルールがあった。

これがなかなか厄介で、「たい焼き帽子」などをかぶると一気に視界が狭くなり、プレーが制限された。そんな中でもしっかり首を振ってビジョンを確保して、「あそこに仲間が動いているはずだ」と決め打ちをしてパスを狙う。不自由だが、なかなか楽しい。フットサルを終了後、ぼくもちょんまげをかぶって記念撮影したところ、ツンさんから「おお、似合うね。世が世なら君こそがちょんまげになっていたかもしれない」というコメントを頂いた。「世が世なら」という言い方が面白くて、何度か思い出してくすりと笑った。

サッカー仲間のおかげで、本当に楽しい毎日が訪れた。小さな幸せを噛みしめつつ、国立競技場の千駄ヶ谷門へと向かっていった。門のあたりはすでに人で埋まっていた。この日は46,599人もの観客が詰めかけていたのだ。

FC東京は決勝戦の目前で敗退してしまった。元日に行われる決勝戦のカードは、リーグ戦2連覇を果たしたサンフレッチェ広島と、後一歩のところで優勝を逃してしまった横浜F・マリノスだった。両チームとも長いシーズンを戦い抜いてきた上に、準決勝から2日しか経っていない。ハードスケジュールだが、全てはこの日で終わりだ。

ぼくのチケットは自由席サンフレッチェ広島側のものであったため、千駄ヶ谷門からぐるりと反対側まで歩いて行った。そして、ゲートをくぐり、観客席へと入っていった。目の前にはいつもの光景が広がっていた。緑のピッチがあり、その上空はとても広く、気持ちの良い風が身体を吹き抜けていった。そして、観客席はチームカラーで染まっていて、試合を待ち望む観衆の息づかいが聞こえてくるようだった。座席はほとんど埋まっていたが、慣れてくると席を見つけるのはあまり難しいことではない。少し歩くと、応援の中心地から離れたあたりに潜り込むことが出来た。

試合が始まった時、選手達の動きが随分とよくわかるようになってきていることに気付いた。初観戦した時は誰が誰やらさっぱりわからなかったのだが、ピッチ上にいる全員とは言わないが、半数以上の選手は識別することができるようになっていた。それに、選手の姿が大きく見えるようになっていた。選手の細かい動作も何となくわかるようになっていた。数えてみるとこれで15試合目の観戦だった。目が慣れてきたのかもしれない。

さて、試合の行方はというと、準決勝に続いて広島には疲労の色が見られた。同じように横浜の足も重かったはずだが、こちらはモチベーションが違っていた。横浜は、リーグ戦の優勝を目前にしながら、最後の最後で広島に持って行かれてしまうという屈辱を味わったのだ。その広島を直接対決で倒し、天皇杯を掲げたいという強い思いがあった。

この試合に関しては広島には勝ち目がなかったようだ。

17分、横浜のサイドバック小林祐三《ゆうぞう》がドリブルでゴール前まで切れ込み、ボールがこぼれたところを斉藤学がシュートして先制した。さらに、その数分後にはコーナーキックのチャンスを得た。横浜F・マリノスのキッカーは、言うまでもなく中村俊輔だ。中村のキックは、芸術的という表現を越えて、幻想的ですらある。ファンタジーの世界で魔法をみたようなものだ。他の選手とは全く異質なボールが飛んでいった。

中村俊輔がコーナーキックのボールをセットしたのは、ぼくが座っている位置の目の前であった。10メートルほど先に中村がいて、神経質そうにボールを何度もセットしていた。そして、身体を大きく傾けて蹴り込むと、横浜の選手が頭で合わせた。これを広島のキーパー西川が弾いて防ぐも、次の瞬間に、ボンバーヘッドの浅黒く日焼けした男が飛び込んでいった。中澤の執念が横浜に追加点をもたらし、そのまま

2—0で逃げ切った。

横浜F・マリノスの天皇杯優勝が決まり、セレモニーでは中村が高らかに優勝カップを掲げた。リーグ戦における優勝の方が、カップ戦である天皇杯よりも価値が高いとされているため、内心は悔しい思いもあったようだ。それでも3大タイトルの一つであり、日本でもっとも歴史のある大会での優勝だ。J1最終節で敗北し泣き崩れていた中村俊輔の姿を思い出し、妥当かつ無難なハッピーエンドを迎えたことに安堵した。これで全日程が終わった。セレモニーが行われるのをしばし眺め、夕日に赤く染まった国立競技場で余韻に浸っていた。

試合終了後には、「ちょんまげフットサル」の打ち上げもあったのだが、大人数で騒ぎたい気分ではなかったので辞退した。代わりに信濃町で飲んでいるグループに顔を出し、ビールを2杯飲んだ。そこにいたベガルタ仙台のサポーターに「負けちゃってごめんね」と謝った。1時間ほどで店を出て、信濃町駅から総武線に乗った。

飯田橋で降りたら東西線に乗り換えるつもりだったのだが、少し歩きたくなった。

飯田橋駅には東京大神宮と靖国神社への道順が掲示してあった。そうだ、今日は元日だからついでに初詣をするのもいいかもしれない。ぼくは、詳しい道順は調べずに、矢印のほうに向けて適当に歩き始めた。東京という街では、歩いていれば何処かに辿り着くことができるのだ。この街のことは何だって知っているとまでは言い切れないが、ぼくにとって世界で一番馴染みのある場所なのは間違いない。

少し坂道が多い裏通りの住宅街を歩いていると靖国神社に辿り着いた。地政学上、特別な視点で語られる場所だが、ぼくにとっては千鳥ヶ淵で桜を見る前に、露店を冷やかしに来る場所に過ぎない。この日も初詣客を見込んで、何十軒も露店が出ていた。露店には「飲食スペース」を広く取っていて、居酒屋のようになっているところもあった。

参拝客が列をなしていたので初詣をすることは諦めて神社を抜けた。二松学舎大学を横目に見ながら東に進んでいくと、北の丸公園が見えてくる。公園の中には武道館があるが、ぼくは2回しか行ったことがない。それは東京大学の学部と大学院の入学式の時だけだ。大学の時のことはあまり印象にないが、大学院の時は強く憤ったこともありよく覚えている。東大応援部の主将が、新入生に向けてエールを送っていたのだが、それを見て笑っている奴らが随分といたのだ。

「あんなに一生懸命大声出しててみっともないね」

などと口に出して大笑いしている。

セレモニーの最中に私語をするのも非常識だが、何よりも応援部のことを笑ったことが許せなかった。確かに学ラン姿で懸命に応援する姿は、旧時代的に見えるのかもしれない。しかし、応援部のことを笑うのは、大学院から東京大学に入ってきたからだ。学部からの東大生は、応援部に強い敬意を払っている。彼らは、ただ応援するだけではあるが、どの運動部にも負けない過酷なトレーニングを積んでいるのだ。

武道館の前で、そんなことを思い出していると白山通りとの交差点にぶつかった。右へ曲がれば皇居だが、左に曲がると東京ドームがあり、その先には本郷三丁目がある。4年間を過ごした東京大学本郷キャンパスがある場所だ。日本の最高学府に在籍している時、ぼくは落ちこぼれのどん底にいた。

何度も留年したこともあり最後の方は1人ぼっちになっていた。唯一交流があったのが、文学部で同じ研究室に所属していた数人の学生だ。そういえばそこにいた生真面目な女の子が希望していた就職先は、東京ガスだった。もしかして、FC東京に出向していたりすると面白いのに、などと思いつつも、彼女が東京ガスに無事入れたかどうかはよくわからない。彼らがどういう進路を歩んだのか、ぼくは知らないのだ。

ある日、そのうちの一人に昼食に誘われた。体育会ボート部に入っていた逞しい男で、活力に満ちあふれていた。頭も切れた。

ぼくのランチは、中央食堂の230円のカレーか、生協で買ったメロンパンとコーヒー牛乳が定番だった。少しお金がある時は、喫茶店イーグルでスパゲッティを食べたり、瀬佐味亭の担々麺を食べたりしたが、その日はお金がない日だった。

生協の売店でメロンパンを買うと、ぼくらは安田講堂の前で食べ始めた。すると、ボート部の携帯電話が鳴った。彼は今まで聞いたことがない丁寧な口調で話していた。電話を切ると、大手コンサルタント会社の内定が取れたことの連絡だったと教えてくれた。他にもいくつかの内定が取れているのだが、大学院に進んで勉強もしたいので悩んでいると言っていた。

劣等感に襲われて逃げ出したくなった。ぼくも就職活動をしたのだが、全てのケースで書類選考か1次面接で落とされていた。

「中村くんは進路決まったの？」

この無邪気で残酷な問いに対してぼくは答えた。

「ぼくは小説家になりたいんだ。だから、普通の就職はしないよ」

見栄を張った。小学校の卒業文集に書いた夢にすがる以外に、人生をやりきる方法が見いだせなかったのだ。ボート部は、爽やかないい奴だった。

「へぇ、すごいね！　良かったら今度作品を見せてよ！」

しかし、見せることはできなかった。小説なんて小学校の時の自由研究で書いて以来、短編1つですら書いたことがないのだ。ぼくは必死に言い訳した。

「まだ書くべき時期じゃないし、自分のテーマが見つかっていない。そもそも人生経験が足りないんだ」

「短くてもいいから作品を作り始めないと永久に小説家にはなれないよ。とにかく書き初めてみたら?」

この至極真っ当なアドバイスをぼくは受け入れることが出来なかった。

「ぼくがどう考えようが君には関係ないだろ」

ぼくがそういうと、彼は興が冷めたような顔をして立ち上がった。彼はとてもいい奴なので、中座したことについて後で謝罪のメールをくれたのだが、ぼくは返事をしなかった。その後、あまり研究室に顔を出さなくなったので、彼らがどういう進路を取ったのかぼくにはわからない。

あの日は、日が暮れるまでずっと同じ場所に座っていた。ぼくには何もなかった。小説家になりたいなんて大嘘だった。小説なんか書けるわけがないのだ。しかし、そういう嘘でもついていないと耐えられなかった。

かつて同じ時を過ごした友人達は、官僚、法律家や会計士になっていった。それなのにぼくはというと、就職活動の書類選考すら簡単には通らないのだ。一体ぼくの何が悪いというのだ。どうしてこんなことになってしまったのだろうか。

それ以来、強く落ち込む日々が続いた。家にいても何もすることがないので大学には行ったが、講義にはあまり出席しなかった。図書館で昼寝をして、三四郎池を何周かし、安田講堂の前の広場で座るだけの毎日を過ごしていた。このまま消えてしまいたかった。すると安田講堂の前に時折応援部が現れ、パフォーマンスを披露していった。

応援部が来る日は楽しかった。主将とおぼしき人が中央で腕を振るのだが、足のつま先から手の指の先まで全てが美しく伸びていた。力強い太鼓の音が響き渡り、学ラン姿の応援部員は、肩の関節が取れるのではないかと思うくらい激しく腕を回していた。

管楽器の音が鳴り響き、チアガール達は陽気に踊った。ぼくが特に好きだったのは「鉄腕アトム」のテーマだった。勇ましいメロディーに合わせて、中腰に落とした応援部員が正拳突きを何発も打ち続けた。彼らの応援は、ぼくの心にも響いていた。応援部が来ると、少しだけ前向きな気持ちになっていた。

体育会どころかサークルにも入っていなかったぼくは、実際に試合会場で応援しているのを目にしたことは一度だけだ。それは、神宮球場で行われた野球部の友人の引退試合だった。彼は飲み会に来てもお酒は飲まずに、野球の練習ばかりして過ごしてきたが、結局スタメンには選ばれなかったようだ。それでも足が速かったので、代走要員としては戦力になっていたらしい。

東京六大学野球の対戦チームは明治大学だった。

サンバのリズムに合わせて、スタンドの観客が左右に動き回る元気な応援をするチームだった。対戦相手がどのチームであっても東京大学よりは強い。スポーツ推薦枠を持たない上に入試難易度が高いため高校までにじっくり部活動をしている時間がないのだ。どうしても選手の質では適わない。

しかし、勝つ可能性が少ないからと言って応援部が手を抜くことはない。ぼくが観に行った試合でも、相手に先制され、さらに追加点を取られたのだが、応援部はまるで動じない。観客が落ち込むような場面では、道化役に回って笑いを取って和ませ、渾身の力を込めて応援した。

応援部が諦めてしまったら、選手達は孤軍として取り残されてしまう。しかし、応援部が諦めない限りは、選手達も最後の最後まで戦い抜かなければならないのだ。どれだけ負けていようが「不死鳥の如く」戦い続けるしかない。応援する者も、される者も。

どれだけ必死に応援しても東大野球部が勝てる可能性は低い。六大学野球では、6位が指定席なのだ。3―0で迎えた9回裏、ぼくの友人が代走として出場した。代走要員だけあって、確かに速かった。彼は飛ぶようにベースを駆け抜けて、最後にはホームベースを踏み抜いた。試合結果は3―1。東大野球部の敗北にはなったが、最後の最後で一矢報いた。

試合後、いつの間に見つけたのか、可愛らしい彼女を紹介してもらった。試合を見て感動したのか彼女は涙を浮かべていた。引退試合を終えた友人も涙を浮かべていた。そしてもぼくも涙で何も言えなくなっていた。野球部の友人は、ぼくよりも3年も早く卒業して銀行員になった。

応援部は、どんな展開になっても真剣に勝利を願い、負けてしまった時には大粒の涙をこぼして悔しがってくれる。エールを送り、支えてくれる人がいるから、どんな試合展開であっても戦う価値が生まれる。最後まで戦い抜く力を与え、時には奇跡を起こす助けにもなる。

ぼくが落ちこぼれて何も出来なくなっていたのは、負けることを恐れていたからなのかもしれない。自分のプライドが傷つかないように、自分がよく見られるように、たくさん予防線を引いていたのだ。

しかし、それにも限界があった。激しい嵐の中であっても、顔を上げて、前に進んでいくべきだったのだ。結果として勝てなかったとしても全力で戦い続ければ、いつかは勝者になれるはずだ。弱いチームにエールを送る応援部の姿に、ぼくも生きる力をもらった。

そういえば、今年になって観戦しはじめたＪリーグも弱いチームばっかりだった。強いチームなんか1つでもあっただろうか。

ついさっき観戦した天皇杯の決勝を制した横浜Ｆ・マリノスは、リーグ戦の優勝を逃し、エースの中村俊輔はピッチに崩れ落ちて号泣した。そのリーグ戦で優勝したのはサンフレッチェ広島だが、今日の試合では為す術もなく負けてしまった。２年連続の覇者になったとはいえ、その財政状況は良好とは言えず、毎年のように選手を引き抜かれている。

タイトル獲得数でいうと一番多いのは鹿島アントラーズだが、２０１３年のリーグ戦は5位に終わり、タイトルは取れなかった。ナビスコカップで優勝したのは柏レイソルだが、リーグ戦では10位に沈み、準優勝した浦和レッズも最終的に6位になった。ＦＣ東京はというと、リーグ戦の優勝経験はないし、何試合も見たがどう考えても強いチームには見えなかった。

白山通りとの交差点を越えると神保町の書店街に入る。この街で何百冊の本を買っただろうか。左の坂を登っていくと御茶ノ水だ。ここらの楽器屋に毎週のように通っていた時代があったが、今は楽器を弾いていないので用事はない。

そのまままっすぐ進むと秋葉原、さらに行くと浅草橋、橋を越えると両国だ。すべて思い出深い土地だ。浅草橋にはバスケチームのホームタウンがあったし、知人がやっているアクセサリー問屋もある。両国には母校の安田学園高校があって、森下の方に行くと叔父が経営している印刷屋がある。どの方角を向いても、思い出が転がっている。東京は、一番よく知っている街なのだ。詳しく知ることによって愛着が生まれ、接し続けることによってそれが固定されていく。

その東京を強く肯定してもらえたのが、ＦＣ東京の観客席だった。

ぼくが愛するこの街を、同じように愛している人達がいたのだ。ＦＣ東京が強いから応援している人なんて、ほとんどいないだろう。そういう問題ではないのだ。

ぼくは適当なところを右に曲がって東京駅の方へと進んでいき、大手町駅に着いた。東京といえば、この辺りがまさしく東京だ。

東京駅は、街の象徴の1つではあるが、こんなところに住んでいる人はいない。東京の住人は、中心地から少し外れたところにある小さな街に帰っていくのだ。東京とは、小さな街の集合体であり、東京駅は、俺たちがそれぞれ住んでいる場所を繋いでいるだけだ。大きすぎて全体像がよくわからない街だが、ぼくにとっては一番馴染みのある街であり、一番好きな街だ。そして、東京が好きという気持ちを自然に表明できる場所がＦＣ東京の観客席だった。

サッカークラブを応援しに行くのか、東京に対する愛情を確認しに行くのか、曖昧になってしまう部分もあるが、その時間は何よりも熱い時間なのだ。その瞬間は、「東京こそすべて」と思えるのだから。

ここまでぼくが経験し語ってきた物語は決して特殊なものではない。サポーターと呼ばれる人達が多かれ少なかれみんな経験してきたことなのだ。悔しくて泣きたくなることもあるが、嬉しくて泣きたくなることもある。サンタ帽子をかぶった知らないおじさんと抱き合うことだってある。そして、自分でもよくわからないうちに、サッカークラブを愛してしまい抜け出せなくなっている。もっとも、抜け出したいとも思わないが。

この物語に参加する方法は簡単だ。一番近くにあるスタジアムに行ってみるだけでいい。そのチームが強かろうが、弱かろうが、世界的なスター選手がいてもいなくても関係ない。

そこに行けば、自分だけの物語が始まるはずだ。

あとがき

「サポーターをめぐる冒険」、お楽しみ頂けたでしょうか。原稿を書き終えた後、タイトルをどうしようかと悩み抜き、最終的にはこのタイトルにすることを決断しました。言うまでもなく村上春樹の『羊をめぐる冒険』をオマージュした命名です。数ある村上作品の中で、私が最も好きな作品です。最初はかなり違和感がありました。もっとオリジナリティがあるほうがいいのではないかと思ったためです。しかし、最終的にはこれが一番だと思うに至りました。

このタイトルには2つの意味合いがあります。1つは、村上春樹という大好きな作家に対する強い「敬意」です。

作品を何度も何度も繰り返し読んだし、村上春樹のようになりたいと思ったこともあったほどです。村上春樹は、その処女作である『風の歌を聴け』の冒頭に「完璧な文章などといったものは存在しない。完璧な絶望が存在しないようにね。」と書きました。ここから始まる一節は、誇張ではなく何百回も読みました。紛れもなく私の原点の1つです。しかし、村上春樹の作家人生は、私にとっても理想的なものなのかというと、違うような気がしています。

タイトルに込めたもう1つの意味合いは「脱・村上春樹」です。

オマージュしたタイトルをつけることで、村上春樹と中村慎太郎を比較した批評が出るかもしれないし、歴史に残る大作家と比較された場合には、どう考えても分が悪いことは明白です。しかし、作家として生きて行くことを決断した以上、正面から挑戦するべきなのでしょう。出る杭は打たれるでしょうが、戦い続けている限り応援してくれる人も必ずいます。それが、この本での経験を通じて学んだことでもあります。心から尊敬し、憧れているからこそ「脱・村上春樹」を打ち出し、超えるべく努力しようと思います。

村上春樹作品では、何か大きな流れに巻き込まれ翻弄されていく主人公が登場することがあります。その最たるものが『羊をめぐる冒険』です。サポーター達に巻き込まれてヘトヘトに疲れながらも、それを受け入れ続けたのは、「村上春樹的な世界への憧れ」があったからだと思います。

しかし、私はただ巻き込まれるだけではありませんでした。途中からは自分の意志でスタジアムへと赴き、多くのサポーターと交流しました。サポーター達にはそれぞれの物語があり、圧倒的な熱があり、愛がありました。この本も、その気持ちを受けたことで、産まれたと思っています。

◉

赤羽の小さな出版社「ころから」の木瀬さんから連絡を頂いたのは2013年の11月末でした。長年のFC東京サポーターであった木瀬さんは、一連のブログ記事を読み「Jリーグファンは寂しかったし、悲しかったのではないか」という言葉に深く共感してくれたそうです。サポーターはずっと無視されてきたという実感が木瀬さんの中にもありました。そこで、全国のスタジアムを回って「サポーターを可視化」するという企画を提案されました。しかし、企画を受けるかどうか悩み、創業してわずか1年の出版社と仕事をするかどうかも、失礼ながら悩みました。

悩んでいるうちに、ＦＣ東京のルーカス選手が重傷を負ってしまい、ぼくは仙台へと向かいました。そして、いつの間にか自分もサポーターになっていました。

サポーターになったことを自覚した後に思ったのは、やはり「サポーターの可視化」を目的とした本を書くべきだということです。また、初観戦してからサポーターになるまでの経緯と心境の変化もしっかりと記録しておきたいということでした。それが『サポーターをめぐる冒険』です。

また、この本を書くことで、Jリーグはつまらないリーグで、サポーターはサッカーを見る目のない人達という2つの偏見に対しても、強く反論することができるとも考えました。

そして、この物語は、どうしてもサポーター自身で紡ぐ必要がありました。サポーター以外にはわからないことがたくさんあるのです。そして、その意味では「ころから」は最高の出版社でした。この本に関わったスタッフが全員、Jリーグのサポーターであったからです。だからこそ表現できたものがあったと思います。

この作品の制作現場にも熱があり、サッカーとJリーグに対する強い愛情がありました。もしかしたら政治信条とか宗教とかの話をし始めたら意見が合わないこともあるかもしれません。しかし、サッカーの話をしている限りは、他のことはどうでもいいのです。

ブログに書いたサッカー記事が注目されたことで、サッカージャーナリストとしての道も考えたことがありました。そして、その時には特定のチームのサポーターになることは、中立的な視点を欠くことになるため、望ましくないと思いました。

しかし、そういった理性的かつ世俗的な判断は、ある時を境に吹き飛んでいきました。ぼくは、サポーターになりたくてなったわけではありません。知らないうちになっていたのです。そして、2013年10月5日に始まったこの物語は、現在も進行中です。

いまは、「ころから」が最初に提案してくれた「全国のホームスタジアムをめぐり、サポーターを可視化する」企画に着手しています。既にいくつか回りましたが、サッカー観戦の楽しさとサポーター達の充実した日常を、お伝えできる内容になると思っています。

ともかく、数ヶ月の辛い執筆期間を経て、何とか本を書き終えることができました。これほど嬉しいことはありません。

作家になるという夢を叶えてくれたのは、Jリーグのサポーターやサッカーファンの皆様との出会いでした。深く感謝しています。

また、宇都宮徹壱さんには、作家という夢を目指すことを力強く勧めて頂きました。そして宇都宮さんの『幻のサッカー王国』（勁草書房）の圧倒的な熱量にも励まされました。本当にありがとうございました。

ところで、村上春樹は、若き日にジャズ喫茶の経営をしていて、そこで客相手に一生分の会話をしたと語っています。だから、表にはあまり出てこないし、村上春樹に会うのは至難の技なんだとか。

しかし、私は違います。まだまだ対話が足りません。もっと多くの人に出会い、直接話し合いたいと強く願っています。その中で感じたことを表現していきたいです。これこそが最大の「脱・村上春樹」です。

ぼくは、どこにでもいて、いつでも話しかけられて、比較的簡単に会うことができる「そのへんにいる作家」でありたいです。Ｔｗｉｔｔｅｒで話しかけてもらえたら基本的にはお返事をしています。メールアドレスもブログ上で公開しています。運命を変えてくれたブログ「はとのす」ももちろん続けます。そうやってきたからこそこの本を書くことが出来たし、夢を叶えることも出来ました。

是非一緒に語りましょう。夢のこと、Ｊリーグのこと、ＦＣ東京のこと、野鳥のこと、村上春樹のこと、あなたと熱く語れるなら話題は何でもいいのです。

中村慎太郎

中村慎太郎 なかむら・しんたろう

作家、 ブログ「はとのす」運営。 1981年東京生まれ、 東京育ち。 偏差値30から大学受験を経て、 東京大学文科Ⅱ類に入学。 東京大学文学部倫理学専修、 東京大学大気海洋研究所修士課程修了、 博士課程中途退学など文系7年、 理系4年の大学生活を送る。 第一子の誕生を機に、「夢を追う」生き方を志し、文筆業に転じる。 本書は初の著作となる。

Twitter ▶@_shintaro_
Blog「はとのす」▶http://shintaro-hato.com/hatonosu/

サポーターをめぐる冒険

Jリーグを初観戦した結果、思わぬことになった

2014年6月12日 初版発行
2015年4月10日 3刷発行
定価1300円+税

著　者　中村慎太郎
イラスト　なみへい
パブリッシャー　木瀬貴吉
装　丁　安藤順

発行 ころから

〒115-0045 東京都北区赤羽1-19-7-603
TEL 03-5939-7950　FAX 03-5939-7951
MAIL office@korocolor.com
HP http://korocolor.com/

ISBN 978-4-907239-07-7 C0075

ころからの本

朝日新聞、週刊文春、婦人公論などで書評

九月、東京の路上で

1923年関東大震災ジェノサイドの残響

加藤直樹・著／1800円＋税／978-4-907239-05-3

産経新聞、日経新聞などで書評

離島の本屋

22の島で「本屋」の灯りをともす人たち

朴順梨・著／1600円＋税／978-4-907239-03-9

日経新聞、朝日新聞、映画秘宝などで書評

ナショナリズムの誘惑

園子温、木村元彦、安田浩一・著

1400円＋税／978-4-907239-02-2

日経新聞、週刊金曜日、毎日新聞などで書評

I LOVE TRAIN

アジア・レイル・ライフ

米屋こうじ・著／2200円＋税

978-4-907239-01-5

ころから

ころからの本は、全国書店、ネット書店で取り寄せができます。

より迅速に入手できる「おすすめ書店」は、下記サイトをご参照ください。

http://korocolor.com/bookshops.html